www.bayern.by/traditionell-anders

TOP
100

HOT-
SPOTS
HOTEL OPERA
LUXUSLASHES
WELCOME BABY
Ayinger

Kunst – und ein Hauch von italienischer Renaissance: Das Lenbachhaus ist Museum und Treffpunkt zugleich

MÜNCHEN *LEUCHTET*

Robert Pölzer, Chefredakteur BUNTE

München macht es den Einwohnern und Besuchern nicht schwer, die Stadt zu lieben. Da ist zum einen die fast schon italienisch anmutende Lässigkeit, mit der auch der Alltag zur Inszenierung wird. Da ist der weiß-blaue Himmel, der die Schönheiten der Stadt ins rechte Licht rückt. Und mit dem Viktualienmarkt, den Shopping-Prachtstraßen, Museen, Opernhäusern, Theatern, urigen Gasthäusern, Spitzenrestaurants, Biergärten und Szeneclubs gibt es viele weitere Qualitäten.

In München ist alles ein bisschen üppiger. Die Lebensfreude, die Biergläser und der Glamour des Gesellschaftslebens. Es ist also kein Wunder, dass die Redaktion der BUNTE, die genau über dieses bunte Wechselspiel der Society berichtet, in München sitzt. Im Zentrum des Geschehens.

Durch ihre berufliche Tätigkeit entdecken die Reporter von BUNTE die angesagtesten und schönsten Plätze der Stadt und Region. Und auch privat bekommen und testen sie so manchen Geheimtipp. Die BUNTE-Mitarbeiter kennen München intensiv und in allen Facetten.

So entstand die Idee, all dieses Wissen in ein Buch zu packen. Damit dieses überschaubar und kompakt bleibt, wählte BUNTE zusammen mit der Bayern Tourismus Marketing GmbH 100 Hot-Spots aus. Geordnet sind diese in 10 Kategorien. Vom besten Restaurant über das edelste Spa bis hin zum schönsten Hotel. Dazu gibt es Prominenten-Tipps, einen umfangreichen A–Z-Infoteil, die besten Ausflugsziele im Umland und einen Stadtplan plus Landkarte.

BUNTE Top 100 ist eine Liebeserklärung an München.
Ich wünsche Ihnen viel Spaß damit!

BUNTE
TOP 100
HOT SPOTS
MÜNCHEN

Das **BUNTE TOP 100 Siegel** wird exklusiv von der Redaktion BUNTE vergeben. Alle in diesem Buch vorgestellten Hot-Spots sind qualifiziert, das BUNTE Siegel zu tragen. Das Siegel ist für jeden Hot-Spot eine ganz besondere Auszeichnung, für Kunden, Gäste und Besucher ein wertvoller Service, sich in der Vielzahl von Angeboten zurechtzufinden.

Inhalt

HOT-SPOTS *NACH STADTVIERTELN*

INFORMATIONEN & ALLGEMEINES

Barockjuwel im Münchner Westen: Schloss Nymphenburg, Sommerresidenz der Wittelsbacher und Lieblingsziel für Jogger, Ausflügler, Entenfütterer, Spaziergänger und Chiller

MÜNCHEN *VON A–Z*

ES IST DOCH SO: Der Berliner beneidet uns ums Umland, der Hamburger um die Berge, der Italiener ums Bier, der Chinese um die saubere Luft, der Amerikaner ums Hofbräuhaus, alle anderen um alles andere und um das, was es nur in München gibt

Kunstakademie München: Hier malten Wassily Kandinsky, Franz Marc und Paul Klee

AUGUSTINER-BRÄU

Bier und Brauerei. Der Münchner sagt vertraut „Gustl" dazu, denn das Bier ist eines seiner liebsten. Seit 1328 wird es in München hergestellt, in der ältesten noch bestehenden Brauerei der Stadt. Tipp: das Stammhaus in der Neuhauser Straße.

BIERGARTEN

Seit 1812 hat es Tradition, mit einer Radler-Maß unter Kastanien den Feierabend einzuläuten. So lange gibt es schon den ältesten Biergarten Münchens, den Augustiner-Keller an der Arnulfstraße. Kenner bringen ihre Brotzeit mit. Denn: Nur Getränke müssen vom Wirt gekauft werden.

CONSTANTIN FILM AG

Filmunternehmen, das „Der Bernd" (Filmproduzent, Drehbuchautor und Filmregisseur Bernd Eichinger) einst vor dem Aus gerettet hat und das Kinofans Kassenknüller wie „Der Schuh des Manitu", „Fack ju Göhte" und „Nirgendwo in Afrika" bescherte.

DRÜCKEBERGERGASSE

Offiziell: Viscardigasse. Wer hier (mal wieder) mit vollen Einkaufstüten durcheilt, sollte auf den Boden schauen. Die bronzene Spur ist denen gewidmet, die sich während des Dritten Reichs vor dem Hitlergruß an der Feldherrnhalle um die Ecke drücken wollten.

ENGLISCHER GARTEN

Liegen da nicht immer die Nackerten? Genau. Ein (meist) schönerer Anblick allerdings: Isar, Eisbach, Spaziergänger, Sportler, riesige Grünflächen bis weit in den Münchner Norden. Der Englische Garten ist unser ganzer Stolz, denn er ist größer als der New Yorker Central Park.

FÖHN

„Sorry, der Föhn", ist die liebste Ausrede des Münchners, wenn er zu spät ins Bett kam oder einfach schlecht drauf ist. Der warme milde Wind, der von Italien über die Alpen zu uns kommt, schenkt uns zwar grandiose Fernblicke, aber auch Kopfschmerzen.

GRANT

Cary Grant war ein Münchner? Nein. Unser „Grant" ist das Gegenteil von „charmant" und zeigt sich gern in bayerischen Wirtschaften in Form einer mies gelaunten Bedienung. Aber nicht abschrecken lassen. Der bayerische Grant ist nicht persönlich gemeint.

HEINRICH DER LÖWE

Hat im Jahr 1180 München gegründet. Zuvor fackelte er die bischöfliche Isarbrücke in Freising ab, baute eine neue in München und sackte hier die Zölle der Salztransporter ein. Einige Verhandlungen später war alles gut, und Heinrich durfte sogar expandieren.

ISAR

Pulsierende Ader der Stadt, Lieblingsort, Grill-Station, Eldorado für Schwimmer, Jogger, Biker, Flößer, Enten, Forellen,

Fischer. Entspringt im Karwendelgebirge in Tirol, ist 292 km lang und bringt Trinkwasser und Strom.

JA MEI

Ja mei halt. Ein angeborener Reflex. So etwas wie Schulterzucken, in Worten ausgedrückt. Übersetzt in etwa: „Das ist jetzt eben so." Standard-Erwiderung, wenn ein Nicht-Münchner z.B. sagt: „Die Mieten sind bei euch aber ganz schön hoch!"

KLENZE LEO V.

Bedeutendster Architekt des Klassizismus, Maler, Schriftsteller (1784–1864), Privatarchitekt von Ludwig I. Vieles, was uns in München griechisch vorkommt, verdanken wir ihm: Marstall, Königsplatz, Ludwigstraße, Glyptothek, Ruhmeshalle, Alte Pinakothek, Residenz.

LÖWEN

Spieler des Fußballvereins TSV 1860 mit treuer Fangemeinde trotz magerer Erfolge. Der „Arbeiterverein" Münchens (im Gegensatz zum Promiverein FC Bayern) ist „Münchens große Liebe" und kämpft seit Jahren tapfer um einen Aufstieg.

MONACO FRANZE

Alter Ego des Schauspielers Helmut Fischer. Liebenswerter Held der zehnteiligen bayerischen TV-Serie „Monaco Franze – der ewige Stenz" aus den 1980er-Jahren. Wer ihn treffen möchte: Er hockt, aus Bronze modelliert, vor seinem Lieblingscafé an der Münchner Freiheit.

NOCKHERBERG

Pilgerort in München-Giesing, wo Jahr für Jahr das original Starkbierfest stattfindet. Einer der Höhepunkte während des Salvator-Ausschanks ist die Salvator-Rede, in der Mama Bavaria alias Luise Kinseher die Politiker durch den Kakao zieht.

OLYMPIATURM

Münchens höchstes Gebäude (291,28 m). Schenkt phänomenale Aussichten auf die Isarmetropole, bei Föhn bis in die Alpen. Gourmets flitzen zum Essen mit dem Lift hinauf und genießen ihren Lunch, die Kaffeestunde oder ein Sunset-Dinner im Drehrestaurant 181.

POLT GERHARD

Münchner Kabarettist, der sich neuerdings auch mit einer Webserie „in dieses Internetz" wagt. Für gewöhnlich lebt er seinen bayerischen Grant auf bayerischen Bühnen, im TV und im Kino aus. Nicht-Bayern verstehen ihn nicht? Ja mei …

QUETSCHN

Die Preißn (= alle Nicht-Bayern) **sagen „Akkordeon",** „Schifferklavier" oder „Ziehharmonika" dazu. Die Quetschn wird nicht nur für bayerische Volksweisen benutzt, sondern auch für virtuosen und modernen Rock oder Pop.

RESI

Liebevoller Kosename für das Residenztheater, das gleich drei Spielstätten hat. Fest im Ensemble sind bekannte Gesichter wie Sophie von Kessel und Juliane Köhler.

Das Repertoire reicht von „Alice im Wunderland“ bis „Wer hat Angst vor Virginia Woolf?“.

SCHIESSLER RAINER M.

Münchens unkonventionellster Stadtpfarrer. Segnet in einem eigenen Fahrzeug- und Motorradgottesdienst motorisierte Gefährte, begrüßt einmal pro Jahr auch Tiere in seiner Kirche und arbeitet ehrenhalber als Bedienung auf dem Oktoberfest.

TEUFELSRAD

Das Must-go auf der Wiesn seit 1910. Kostet wenig Eintritt, bringt umso mehr Spaß. Vor allem beim Anschauen der feschen Madln und kernigen Buam, die sich auf die rotierende Plattform und aneinanderklammern. Natürlich nur, um nicht vom Rad zu rutschen.

USCHIS

Davon haben wir sogar mehrere. Unsere berühmtesten sind die Obermaier (Ex-Model, Mitglied der Kommune 1 in Berlin und Sexsymbol der 1968er-Generation und die Glas – Winnetous Apanatschi, TV- und Kino- Schauspielerin, Gesicht unserer Stadt.

VIERZYLINDER

Das weithin sichtbare Hauptverwaltungsgebäude von BMW, das die Form eines Automotors hat. Der Vierzylinder ist 101 Meter hoch, steht unter Denkmalschutz und ist statisch von Bedeutung, weil er nicht auf dem Boden steht, sondern an Kragbalken hängt.

WIESN

Das größte Volksfest der Welt seit 1810. Zu verdanken haben wir die jährliche Party einem Pferderennen auf der Theresienwiese anlässlich der Hochzeit von Kronprinz Ludwig I. und Prinzessin Therese.

XIDI

Der Xidi ist ganz einfach ein Xaverl, ein Hanswurst oder ein Tollpatsch. Laut Bayerischem Wörterbuch. Also eine derb-komische Gestalt. Ein ungeschickter Mensch. Einer, neben dem man nicht unbedingt am überfüllten Glühweinstand am Marienplatz stehen möchte.

YELLOW SUBMARINE

Legendäre mehrstöckige Disco in den 1970er-Jahren in der Leopoldstraße. Sah innen aus wie ein U-Boot und war von einem 650 000-Liter-Wassertank umgeben. Beim Tanzen blickte man lebenden Haien und Riesenschildkröten in die Augen.

ZUAGROASTER

Jeder, der in München lebt, aber nicht hier geboren wurde. Eindeutige Kennzeichen: sagt Brötchen statt Semmeln, schaut blöd, wenn einer mit Skiern in die S-Bahn steigt, fährt nicht Tram, sondern Straßenbahn und nennt den Stachus „Karlsplatz“.

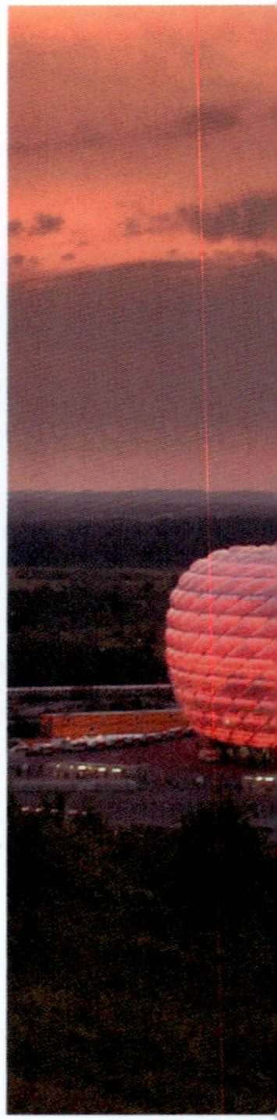

Best of Bauwerke: die
Allianz Arena (re. oben),
die BMW Welt und der
„Vierzylinder“ (re. unten)
und das Olympia-Gelände
mit der spektakulären
Dachkonstruktion

Arena

CAPPUCCINO, WEISS-WÜRSTE *& Kir Royal*

Die besten Cafés und Frühstücks-Spots

CROISSANTS UND BAGELS, SOJA-LATTE, CAPPUCCINO, Champagner, Schmalznudeln, Weißwürste, Acai-Bowls, frisches Obst, Bio-Eis und noch vieles mehr. Von 6.30 Uhr morgens bis nachmittags haben wir uns durch unsere Stadt geschlemmt. Und hier sind sie: unsere Top Ten, die besonders gemütlich, schick, lecker oder einfach typisch für München sind

Cotidiano

ALLES *HEALTHY*

In der LAX EATERY steckt die Sonne Kaliforniens in jedem Winkel

LAX EATERY 1

Lax Eatery **/** Neureutherstraße 1
Di–Fr ab 9, Sa, So, Feiertage ab 9.30 Uhr / Preise: ★★★☆☆
www.lax-eatery.com

Klein, nett, unkonventionell, amerikanisch. Genauer gesagt: von der Sonne Kaliforniens und einer Prise Mexiko inspiriert. Daher auch der Name: LAX ist das internationale Flughafenkürzel von Los Angeles. Das Frühstück ist alles andere als Einheitsbrei: Bio, hausgemacht, gesund. Von Guacamole, Salsa Verde und Blaubeer-Pancakes bis hin zu Coconut Latte und Smoothie of the day. Man trifft hier Maxvorstädter zwischen 20 und 40, die auf Superfood und lässiges Ambiente stehen.

2 TÊTE-À-TÊTE *MIT DER RESIDENZ*

Nix mono: Das STEREO CAFE ist ein vollendeter Augen- und Gaumenschmaus

STEREO CAFÉ

Um 10 und um 16 Uhr weht im Stereo Café über dem hippen Männerladen Stereo Muc ein besonderer Duft. Da werden Pastéis de Nata frisch gebacken, die leckeren Blätterteigtörtchen, die es in Lissabon an jeder Ecke gibt. Danach oder ein hausgemachtes Brioche oder Birchermüsli später ist man bestens gerüstet zum Shoppen in der Residenzstraße. Eine schicke Alternative auch: noch einen Kir Royal bestellen und vom raumhohen Fenster aus der Residenz gegenüber zuprosten.

Stereo Café **/** Residenzstraße 25–26
Mo–Sa ab 10 Uhr / Preise: ★★★★☆
www.stereo-cafe.de

Kosmopolitisch: das Feinkostlokal OCCAM DELI

3 OCCAM DELI
FUSION *IN SCHWABING*

Das Konzept der Delis wurde aus New York importiert: Speiselokal mit Fusion-Food und Feinkostladen in einem. Eine echte Bereicherung in der Stadt. Da schmeckt der griechische Joghurt mit frischen Früchten und hausgemachtem Granola genauso authentisch wie der Bagel mit Lachs oder das Spiegelei mit Speck. Wie in der Lower Eastside tafelt man hier im hellen, hübschen Interieur. Gern stundenlang an der großzügigen Fensterfront. Sehr verführerisch sind die vielen leckeren Kuchen.

Occam Deli / Feilitzschstraße 15 / Mo–Fr ab 8, Sa, So ab 9 Uhr
Preise: ★★★☆☆ / www.occamdeli.com

4 BAR-RESTAURANT-LOUNGE TAMBOSI
SZENE-TREFF MIT *SONNENTERRASSE*

Die Stadt fest im Blick, Italien auf dem Teller: Das TAMBOSI mit Bestlage am Hofgarten

Kult war Münchens ältestes Kaffeehaus am Hofgarten schon immer. Doch seit Pino Crocamo und sein Bruder Ugo, Inhaber des legendären H'ugo's, das Lokal übernommen haben, ist es zum Premium-Szenetreff geworden. Der komplett umgestaltete Innenbereich zeigt sich nun elegant, mit schwarz-weiß gefliestem Boden und Möbeln in cleanen Cremetönen. Mittelpunkt ist die lange Bar. Auch die Terrasse mit Traumblick auf den Odeonsplatz und der Biergarten haben ein Style-Upgrade bekommen. Für den schnellen Lunch bestellt man hausgemachte Pasta, zur Apéro-Stunde Trüffelpizza.

Tambosi / Odeonsplatz 18
Mo–So ab 8 Uhr / Preise: ★★★★☆
www.tambosi-odeonsplatz.de

DEL FIORE

5

Planen Sie Wartezeit ein, besonders am frühen Abend. Dann ist die Schleckermäulchen-Schlange vor der Eisdiele lang. Kein Wunder, gibt es neben fruchtigen Sorbets hier ein geniales dunkles Schokoladen-Eis sowie den Hit: junge Kokosnuss. Natürlich alles in höchster Bio-Qualität und nach bestem italienischem Originalrezept! Alle Sorten finden Sie auch zum Mitnehmen. Und wen die süße Sucht so richtig packt, der setzt sich auf einen der Eisbecher mit Krokant oder Früchten in die Eisdiele. Zum Wegschlecken lecker!

Gelato Del Fiore / 3 x in München
Gärtnerplatz 1
täglich ab 10 Uhr
Preise: ★★★☆☆ / www.delfiore.de

Der eiskalten Versuchung im Del Fiore können Sie getrost erliegen – dank Bio-Qualität

GLÜCK
IN KUGELFORM

CAFÉ FRISCHHUT

Legendär: das Schmalzgebäck im CAFE FRISCHHUT

HERRLICH
SCHMALZIG

6

Nein, diese Auszogne hat nichts mit den Nackerten im Englischen Garten zu tun. Aber sie gehört genauso zu München, ist aus Hefeteig und schmeckt am besten, wenn sie, frisch aus dem brodelnden Fett gefischt, sofort in Zucker gedrückt wird. Beim Café Frischhut, das der Einheimische „Schmalznudel" nennt, steht jeder dafür gern Schlange an der Theke oder setzt sich ins gemütlich-urige Innere. Der Tourist, die Marktfrau, der Anzugträger, der junge Trendsetter.

Café Frischhut / Prälat-Zistl-Straße 8
Mo–Sa ab 7 Uhr / Preise: ★★☆☆☆

7 QUAL DER *WAHL*

Treffpunkt für alle: Im COTIDIANO fühlt sich jeder wohl

In der Wiener-Kaffeehaus-Atmosphäre frühstücken ältere Herren genauso gern wie Studenten, Paare, Mütter mit Babys und Familien. Das Cotidiano ist so beliebt, dass es inzwischen vier davon in München gibt. Zum Glück, sonst würde man womöglich keinen Platz für einen „Wake Up Shot" (Ingwer-Kurkuma-Shot), Kusmi-, Ingwer- oder Minztee bekommen und müsste ohne hausgemachtes Granola Parfait oder eine andere Slow-Food-Leckerei in den Tag starten.

COTIDIANO

Cotidiano / 4 x in München
Maxburgstraße 4
Mo–Sa ab 7.30 Uhr, So ab 8 Uhr
Preise: ★★★☆☆
www.cotidiano.de

8 GASTSTÄTTE GROSSMARKTHALLE

Heldin der Weißwurst: die GASTSTÄTTE GROSSMARKTHALLE

Der Geheimtipp für Weißwurst-Freunde. Insider sprechen vom „Weißwurstpapst" und meinen damit den Wirt der Gaststätte Großmarkthalle, die – wie der Name ahnen lässt – auf dem Gelände der Münchner Großmarkthalle liegt. Hier gibt es die beste Weißwurst der Stadt. Behaupten die Münchner. Finden wir auch. Bodenständig und urgemütlich ist es in den historischen Räumen zwischen Holztäfelung und Herrgottswinkel obendrein. Ein echtes Münchner Original.

Gaststätte Großmarkthalle / Kochelseestraße 13
Mo–Sa ab 7 Uhr / Preise: ★☆☆☆☆
www.gaststätte-grossmarkthalle.de

BEIM WEISSWURST-*PAPST*

UNSER STAR

COTIDIANO

Am Gärtnerplatz, in Schwabing, am Nordbad und am Promenadeplatz: In den vier COTIDIANOS hat man vom Ambiente bis zu den Bio-Backwaren alles richtig gemacht

Holz und Kissen: Im HUNGRIGEN HERZ spürt man die Liebe zum Detail.

HIGHLIGHT IM *VIERTEL*

9 HUNGRIGES HERZ

Zwischen den Kissen im Schaufenster ist es kuschelig, an den langen dunklen Holztischen unter den schicken Kronleuchtern immer fröhlich. Was es zu essen und zu trinken gibt, verraten die wild beschrifteten riesigen Schiefertafeln. Ein reichhaltig-gesundes Avocado-Frühstück z. B. oder ein süßes mit üppig Nutella, ein herzhaftes mit viel Käse, Pancakes oder die Acai-Bowls. Die beiden Chefs waren mal Profifußballer. Daher sitzen hier auch oft Bayern- oder 1860er-Spieler – keineswegs im Abseits.

Hungriges Herz / Fraunhoferstraße 42
Mo–Fr 8–15, Sa, So: 9–16 Uhr
Preise: ★★★★★ / www.hungrigesherz.com

BUNTE *PROMI-TIPP:*

„Das **Café Luitpold** ist ein Klassiker in München. Es wurde vor ein paar Jahren modernisiert und ist jetzt ziemlich stylisch. Besonders mag ich die feine Auswahl an leckeren Petits Fours."

DELIA FISCHER
WESTWING-GRÜNDERIN

TOP 100

5-Sterne-Confiserie im VIER JAHRESZEITEN

HOTEL VIER JAHRESZEITEN KEMPINSKI

Nicht nur Hausgäste schätzen das exzellente Frühstücksbuffet im edlen Ambiente eines 5-Sterne-Luxushotels. Waffeln werden à la minute zubereitet und zum Tisch gebracht, unterschiedlichste Brot-, Käse-, Wurst- und Teesorten, Eierkreationen und frisches Obst verwöhnen alle Sinne, ein Glas Champagner darf natürlich nicht fehlen. Hier startet man zwischen Glamour und Leichtigkeit stilvoll in den Tag. Mitten in Münchens weltbekannter Luxusmeile, der Maximilianstraße.

Hotel Vier Jahreszeiten Kempinski
Maximilianstraße 17
Mo–Fr 6.30–11,
Sa, So: 6.30–12 Uhr / Preise: ★★★★★
www.kempinski.com

10 NOBLESSE *OBLIGE*

Wer den Luxus liebt, schaut für eine Tasse Tee oder mehr im HOTEL VIER JAHRESZEITEN KEMPINSKI vorbei

DIE WEISSWURST – *WER HAT SIE ERFUNDEN?*

Ob man die **Weißwurst nun zuzelt oder mit Messer und Gabel isst,** darüber streiten sich selbst eingefleischte Münchner. Eines aber ist klar: Erfunden hat sie der **Sepp Moser.** Na ja, zumindest so mittelklar. Die Legende ist halt so schön, dass man sie glauben möchte:

Dem Sepp, Wirt der **Bierwirtschaft „Zum Ewigen Licht"** am Marienplatz, gingen ausgerechnet am Faschingssonntag des Jahres 1857 die Schafdärme für seine Bratwürste aus. In der Wirtsstube knurrten aber die Mägen von Stammgästen und Honoratioren der Stadt so laut, dass er rasch handeln musste. Er füllte das bereits fertige Kalbsbrät in Schweinedärme, und aus Angst, dass die beim Braten platzen würden, kochte er die Würste. Die Gäste waren begeistert, die Weißwurst war geboren.

Das Wirtshaus „Zum Ewigen Licht" gab es übrigens wirklich. Inklusive Sepp Moser. Was man auch unbedingt wissen muss: Die Weißwurst bestellt man immer stückweise, man kombiniert sie mit süßem Senf und einer frischen Brezn und trinkt dazu ein Weißbier. Gern auch heutzutage noch am **Marienplatz 26,** wo aus dem Wirtshaus „Zum Ewigen Licht" inzwischen **„Wildmosers Restaurant"** wurde.

Dürfen das „Mittagsläuten" nicht hören: Weißwürste genießt man so frisch wie möglich

CAPPUCCINO, WEISSWÜRSTE & *Kir Royal*

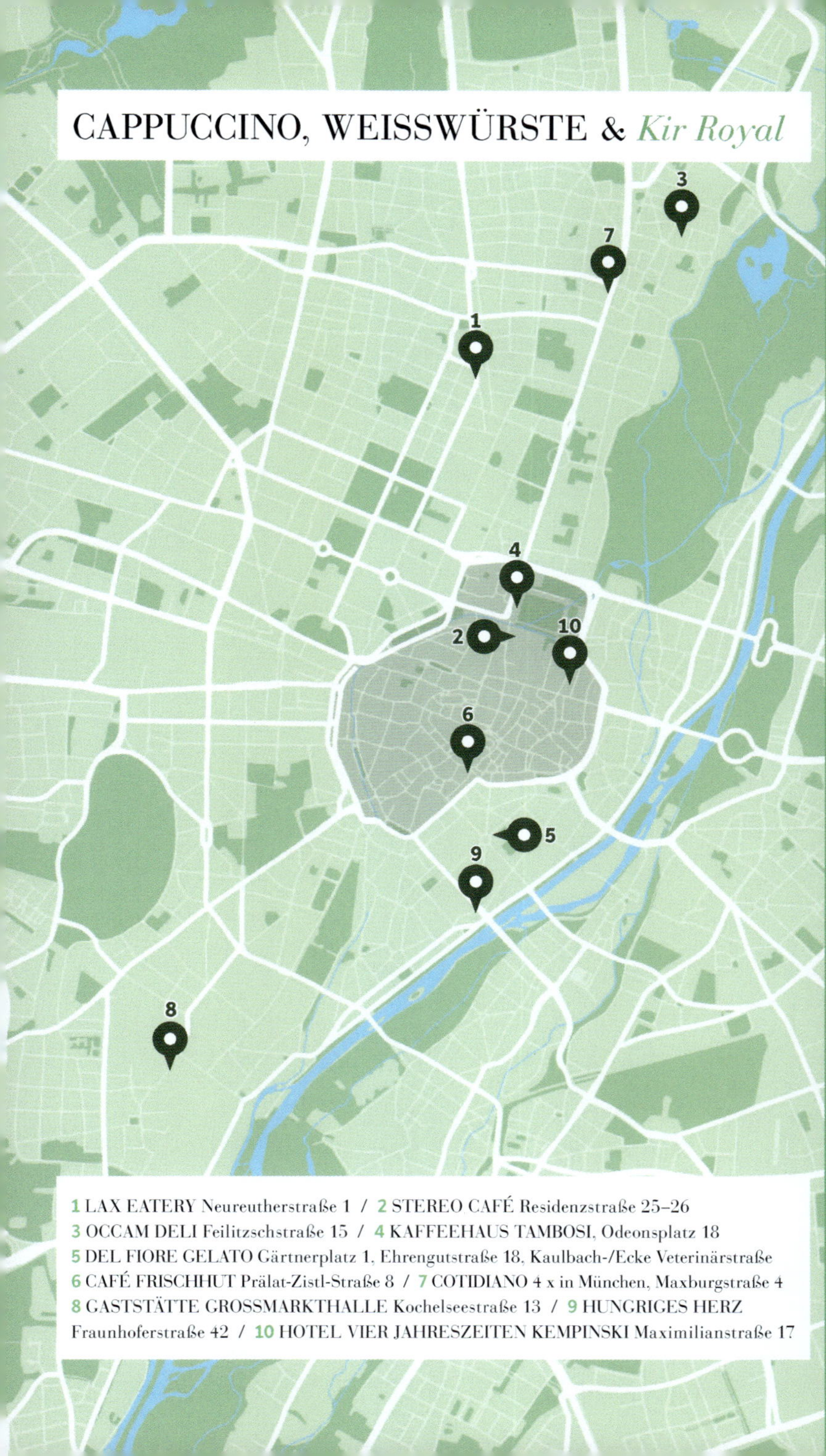

1 LAX EATERY Neureutherstraße 1 / 2 STEREO CAFÉ Residenzstraße 25–26
3 OCCAM DELI Feilitzschstraße 15 / 4 KAFFEEHAUS TAMBOSI, Odeonsplatz 18
5 DEL FIORE GELATO Gärtnerplatz 1, Ehrengutstraße 18, Kaulbach-/Ecke Veterinärstraße
6 CAFÉ FRISCHHUT Prälat-Zistl-Straße 8 / 7 COTIDIANO 4 x in München, Maxburgstraße 4
8 GASTSTÄTTE GROSSMARKTHALLE Kochelseestraße 13 / 9 HUNGRIGES HERZ Fraunhoferstraße 42 / 10 HOTEL VIER JAHRESZEITEN KEMPINSKI Maximilianstraße 17

Durchs STEREO CAFE in der Residenzstraße weht der Hauch der 1950er-Jahre. Im ersten Stock des Herrenmodegeschäfts Stereo Muc werden Sie mit feinen Kuchen, hausgeröstetem Kaffee, kleinen Speisen und einem Originalwandgemälde in Pastellfarbtönen verwöhnt

SPAS, SPORT, *Wellness*

Verwöhn-Oasen in der City

MÜNCHEN HAT DIE SCHÖNHEIT GEPACHTET. Das sehen wir auf der Straße, beim Model-Contest „Die schöne Münchnerin“ und in der Schönheitengalerie im Schloss Nymphenburg. Womöglich liegt es an den Genen. Oder an all den Beauty-Spots, wo Sie nicht nur dem einen oder anderen VIP begegnen, sondern auch den neuesten Trends aus Hollywood

BAYERISCHER HOF

Himmlisch: Im BLUE SPA im Bayerischen Hof schwimmt man bei schönem Wetter oben ohne

11 ÜBER DEN *DÄCHERN*

BLUE SPA

Eine Top-Adresse im wahrsten Sinne des Wortes. Wer auf der Dachterrasse vom Bayerischen Hof Platz nimmt, kann tolle Drinks, entspannte Musik und einen Traumblick über die Stadt genießen – auf Augenhöhe mit den beiden Frauentürmen. Das Blue Spa ist zudem ein einzigartiges Wellness-Refugium mit einem Wohlfühlprogramm vom Feinsten, bietet Massagen aus aller Welt und Beauty-Packages, Themensaunen, Aromadampfbäder und einen Pool mit glasklarem Wasser. Das nennen wir exklusives Relaxen und die Hektik des Alltags vergessen.

Blue Spa im Bayerischen Hof
Promenadeplatz 2–6
täglich 7–22.30 Uhr / Preise: ★★★★☆
www.bayerischerhof.de

BUNTE *PROMI-TIPP:*

„Ich liebe **1001 Kosmetik** in der Elisabethstraße. Einmal im Monat gönne ich mir das Luxus-Treatment und fühle mich wie in Hollywood – kann ich jedem nur empfehlen!"

MONICA MEIER-IVANCAN
MODEL

12 HAMAM

Schön schaumig: Im MATHILDEN SPA UND HAMAM geht es heiß her

Willkommen im Märchen aus Tausendundeiner Nacht! Wie wäre es mit einer Ganzkörper-Heilerde-Behandlung à la Kleopatra? Die wusste nämlich, was schön macht: Schlamm auf der Haut. Oder lieber eine Massage durch magische Hände bei osmanischen Klängen? Zur Auswahl stehen Kopf-, Fuß- und Ganzkörpermassagen, Rosenöl- oder Rubbelmassagen, Kristallsalzpeelings und Schröpfmassagen. Während des kleinen Ausflugs in den Orient fühlt man sich wie Sultan und Prinzessin höchstpersönlich. Danach wie neugeboren.

Mathilden Orientalisches Spa und Hamam
Mathildenstraße 5
Mo–Fr 11–19, Sa 11–18 Uhr
Preise: ★★★★☆ / www.hamam.de

ORIENTALISCHES *VERWÖHNPROGRAMM*

13 JIVAMUKTI

Raum zur Entfaltung: Bei JIVAMUKTI findet man leicht die eigene Mitte

Yoga ist Tausende von Jahren alt und immer noch der Trend schlechthin. Unsere Favoriten in München sind die zwei Jivamukti-Studios – die Yoga-Tempel der Münchner Models. Dort schwört man auf den dynamischen Yoga-Stil, der den Körper strafft und verjüngt und generell rundum glücklich macht. Sollte man also unbedingt mal ausprobieren. Ein Fest für die Sinne ist auch die vegane Yogaloft-Kantine der Studios.

Jivamukti Yoga München
Buttermelcherstraße 11–15
und Wörthstraße 9
täglich Kurse / Preise: ★★★★☆
www.jivamukti.de

YOGA *DYNAMISCH*

14 THE BROWERY

Für einen Top-Ausdruck: THE BROWERY hat den Bogen raus

GEZUPFT *UND GEBOGEN*

Was Trendsetterinnen wie Cara Delevingne und Natalia Vodianova haben, wollen wir auch: typgerechte Augenbrauen. Zwei Power-Schwestern aus dem Libanon haben den Bogen raus und bieten in Münchens erster Brow Bar unterschiedlichste Brow-Services vom Zupfen bis zum Färben an. Darunter auch Augenbrauen-Extensions, die ein bis zwei Wochen halten. Für besondere Anlässe ein absolutes Highlight.

The Browery
3 x in München
Amalienstraße 87 (Amalienpassage): Di–Fr 11–20, Sa 9–18 Uhr, Neuhauser Straße 18 (Oberpollinger): Mo–Sa 10–20 Uhr, Theatinerstraße 14 (Ludwig Beck): Mo–Sa 10–19 Uhr
Preise: ★★★☆☆ / www.browery.com

LUXUSLASHES LOUNGE 15

Dichte, lange Wimpern – beneidenswert. Aber wer hat die schon von Natur aus? Gut, dass man da nachhelfen kann. Ein edler und professioneller Spot dafür ist die LUXUSLASHES® LOUNGE, die ihrem Namen alle Ehre macht: Sogar die Designermöbel sind maßgefertigt. Auch die Wimpern sitzen perfekt. Zur Wahl stehen unterschiedliche Längen, Stärken und Biegungen für den natürlichen oder dramatisch-glamourösen Look.

LUXUSLASHES Lounge München
Damenstiftstraße 18
Di–Fr 10–19, Sa 10–17 Uhr
Preise: ★★★★☆
www.luxuslashes-lounge-muenchen.de

Goodbye, Wimperntusche: In der LUXUSLASHES LOUNGE wird effektvoll geklebt

KLIMPER, *KLIMPER*

16 EAST MEETS *WEST*

Asien-Ambiente: Im AIYASHA medical spa betören sanftes Licht und exotische Düfte alle Sinne

AIYASHA MEDICAL SPA

Das nennen wir Luxus: fernöstliche Spa-Rituale, Body Contouring, Doctor-Duve-Infusionen und Treatments und noch viel mehr in einer Hülle aus dunklen Edelhölzern, italienischem Naturstein und purem Gold. Das AIYASHA medical spa gehört zu den besten Day Spas in Europa. Vor jeder Behandlung gibt es eine Tasse des hauseigenen Tees. Danach lässt man sich massieren oder therapieren, baden, einölen, maskieren. Die drei Dermatologen im Team kommen übrigens vom angegliederten HAUT- UND LASER-ZENTRUM AN DER OPER.

AIYASHA medical spa **/** Perusastraße 5
Mo–Sa 9–20, Sonn- und Feiertage 11–19 Uhr
Preise: ★★★★☆ / www.aiyasha-spa.de

Im BLUE SPA im Bayerischen Hof erwartet Sie Entspannung auf höchstem Niveau. Krönen Sie Ihr luxuriöses Wellnessprogramm mit passenden Gaumenfreuden in der Lounge oder im Wintergarten und genießen Sie dabei den Blick über die Stadt

UNSER STAR
BLUE SPA

Rundum schön: Das CLARINS SKIN SPA ist ein Genuss für Haut und Haar

CLARINS SKIN SPA

17

BEAUTY *COUTURE*

Clarins Skin Spa
Residenzstraße 27
Mo–Sa 10–19 Uhr
Preise: ★★★★☆
www.clarins.de

Shoppen rund um die Residenzstraße kann ganz schön stressig sein. Deshalb empfiehlt sich ein Kurzurlaub im Clarins Skin Spa im prächtigen Preysing-Palais mit entspannenden Behandlungen wie Anti-Aging, maßgeschneiderten Schönheitsritualen und wohltuenden Massage-Behandlungen.

18

Auf die Zehenspitzen, fertig, los: Im STUDIO.12 übt man sich im It-Sport der Promiwelt

BARRE, DANCE *UND MEHR*

STUDIO 12

„Bauch, Beine, Po" ist Schnee von gestern. Der aktuellste Trendsport von Topmodels und Hollywood-Stars heißt Barre-Work-out. Mit rosa Tutus hat das allerdings wenig zu tun. Trainiert wird barfuß und im Sport-Outfit. Beim Mix aus klassischem Ballett, Fitnesstraining, Yoga und Pilates – häufig werden auch Gummibänder und Bälle als Hilfsmittel eingesetzt – verbrennt man Fett und baut Muskeln auf. Der straffe Traumbody ist also fast garantiert. Barre kommt übrigens aus dem Französischen und heißt auf Deutsch Stange.

STUDIO.12 / Possartstraße 12 / täglich von 6.30–21.15 Uhr
Preise: ★★★★☆ / www.studio12-munich.com

BESTER NEUER *BEAUTY-SPOT*

19

Exklusiv von Kopf bis Fuß: Bei LUDWIG BECK findet man alle angesagten Marken und Treatments

HAUTNAH

Wenn sich auf der Straße plötzlich alle nach einem umdrehen, liegt das bestimmt an der Beauty-Abteilung von LUDWIG BECK. Hier gibt es die Düfte, auf die auch Hollywood-Stars schwören, und Beauty-Counters zum Instant-Aufhübschen: Die Profi-Visagisten bei MAC, Bobbi Brown oder Laura Mercier stehen bereit für Make-up, zum Hairstyling bietet sich Aveda an, für Hand- und Armmassagen La Mer oder Jo Malone. Auch genial: ein Treatment in der Beauty-Kabine.

LUDWIG BECK / Marienplatz 11 und Theatinerstraße 14
Beauty in den Fünf Höfen: Mo–Sa 10–19 Uhr,
Kaufhaus der Sinne: Mo–Sa 10–20 Uhr / Preise: ★★★☆☆
www.ludwigbeck.de

MEN AT *WORK*

Haare schön bekommt Mann im THE BARBER HOUSE

20

THE BARBER HOUSE

Gentlemen: Hier können Sie entschleunigen. Seit Mann wieder Bart trägt, ist so ein Barber Shop ein absolutes Muss. Deshalb sprießen in München bereits mehrere, und zwei davon sind besonders hip. Als wilder Rübezahl geht man hinein, als gepflegter und gut duftender Herr mit trendigem Haarschnitt und getrimmtem Bart schreitet man wieder hinaus. Hat schon was, so ein klassisches Ritual mit Rasierpinsel und -messer, Rasierschaum und Aftershave.

The Barber House
Pacellistraße 5 und Fraunhoferstraße 20
Stachus: Mo 9–18, Di–Fr 10–19, Sa 9–15 Uhr,
Glockenbach: Di 9–19, Mi–Fr 10–19, Sa 9–16 Uhr
Preise: ★★★☆☆ / www.barberhouse.com

HELENE SEDLMAYR – *KÖNIGS-GELIEBTE & ERSTES TOPMODEL*

Schon im 19. Jahrhundert gab es eine schöne Münchnerin: die Schustertochter Helene Kreszenz Sedlmayr. Ihr Porträt können Sie in der Schönheitengalerie König Ludwigs I. im Schloss Nymphenburg bewundern – neben anderen Beautys wie der legendären „spanischen" Tänzerin Lola Montez, um derentwillen der König auf den Thron verzichten musste.

Die schöne Helene wurde quasi auf der Straße entdeckt wie heute so manches Supermodel. Sie arbeitete als Dienstbotin für das Spielwarengeschäft des Kaufmanns Auracher in der Brienner Straße und belieferte die Königskinder mit Spielzeug. König Ludwig verliebte sich so in ihre Schönheit, dass er die junge Dame vom Hofmaler Joseph Karl Stieler in Altmünchner Tracht porträtieren ließ.

Helenes „Karriere" war für damalige Verhältnisse nicht schlecht: Sie heiratete König Ludwigs Kammerdiener Hermes Miller, bekam zehn Kinder und Taufpaten aus Adelskreisen und starb im stattlichen Alter von 85 Jahren in München. Ihr Grab finden Sie auf dem Alten Südlichen Friedhof zwischen Thalkirchner Straße und Pestalozzistraße in der Nähe des Sendlinger Tors.

Beauty-Queen
von anno dazumal:
HELENE K. SEDLMAYR

SPAS, SPORT, *Wellness*

11 BLUE SPA Promenadeplatz 2–6 / **12** HAMAM Mathildenstraße 5 / **13** JIVAMUKTI Zwei Center: Buttermelcherstraße 11–15 und Wörthstraße 9 / **14** THE BROWERY Amalienstraße 87 (Amalienpassage), Neuhauser Straße 18 (im Oberpollinger) und Theatinerstraße 14 (im Ludwig Beck) / **15** LUXUSLASHES LOUNGE Damenstiftstraße 18 **16** AIYASHA Perusastraße 5 / **17** CLARINS SKIN SPA Residenzstraße 27 / **18** STUDIO.12 Possartstraße 12 / **19** LUDWIG BECK Marienplatz 11 und Theatinerstraße 14 / **20** THE BARBER HOUSE Pacellistraße 5 und Fraunhoferstraße 20

Oase mitten in der Altstadt:
Innenhof des HOTELS OPERA
im Lehel

SCHÖNER *schlafen*

Feine Münchner Boutique-Hotels

EINES IST BESONDERS STYLISCH. Ein anderes total romantisch. Auch ein extrem cooles ist dabei und eines voller Nostalgie. Sämtliche Hotelbetten in München konnten wir allerdings nicht testen. Laut Statistik waren das im Jahr 2016 nämlich rund 70 000 in über 400 Beherbungsbetrieben. Stattdessen haben wir zehn Perlen herausgepickt

HOTEL

21

Familiär und liebevoll: die Zimmer im OLYMPIC

Chillig im Szeneviertel: der Wintergarten des Hotel OLYMPIC

HOTEL OLYMPIC

OASE IM *SZENEVIERTEL*

Fotografen und andere Künstler übernachten gern im Hotel Olympic, denn es liegt mitten im hippen Glockenbachviertel und ist sehr heimelig. Während man innen idyllisch Richtung Innenhof schläft, pulsiert gleich vor der Tür das Leben in Bars, Restaurants und kleinen Läden. Die Zimmer sind voller charmanter Details, das Frühstücksbuffet wird in einem netten Raum mit Wintergarten serviert, und in der Lobby wie in den Fluren kann man wechselnde Kunstwerke bestaunen.

Hotel Olympic **/** Hans-Sachs-Straße 4 / Preise: ★★★☆☆ / www.hotel-olympic.de

22

Eins-a-Lage und geniale Bar: das HOTEL CORTIINA

HOTEL CORTIINA

DAS AUGE *WOHNT MIT*

Hier ist es so schön, dass man gar nicht rausmöchte. Dabei locken Marienplatz, Viktualienmarkt und die noble Maximilianstraße gleich um die Ecke. Also: hoch von den superbequemen Matratzen aus Naturkautschuk und bis später, Jura-Naturstein-Bad! Den Duft der frischen Blumen nehmen wir in der Nase mit zum Frühstücksbuffet in die GRAPES Weinbar. Tipp: Als Gast des Hotels Cortiina bekommt man bei LUDWIG BECK (vgl. Seite 41) zehn Prozent Rabatt auf das gesamte Sortiment.

Hotel Cortiina
Ledererstraße 8
Preise: ★★★★☆
www.cortiina.com

DERAG LIVING

Derag Livinghotel am Viktualienmarkt
Frauenstraße 4
Preise: ★★★★★
www.deraghotels.de

ZEITGEIST *IM ZENTRUM*

Komfort und Stil mit grünem Gewissen bietet das ökologisch nachhaltige Hotel mitten in der Innenstadt. In den Ölvitalbetten schläft man herrlich, das Ambiente ist klar, cool und elegant, die Zimmer und Apartments sind exklusiv. Zum Essen muss man auch nicht weit gehen: Im Gourmetrestaurant Tian im Erdgeschoss wird vegetarische Küche neu interpretiert. Und zwar so fantastisch, dass selbst fleischverliebte Männer nichts vermissen.

Zimmer mit prächtiger Aussicht: vom DERAG LIVINGHOTEL am Viktualienmarkt

23

24

ECHT *COOL*

Szenetreff FLUSHING MEADOWS: Hotel und Bar über den Dächern

FLUSHING MEADOWS

Man muss zweimal hinsehen, sonst würde man denken: Was? Hier, in so einem Industriegebäude, soll ein hippes Hotel mit Bar samt Dachterrasse sein? Also nicht vorbeilaufen an der Fraunhoferstraße 32 und versehentlich in einer der vielen Szenebars drum herum versumpfen. Besser: nach oben fahren und in eins der 16 Zimmer mit den individuellen Raumideen vorübergehend einziehen. Vielleicht nach einem mit eigener Dachterrasse fragen und bei Föhn in die Alpen blicken.

The Flushing Meadows
Frauenhoferstraße 32
Preise: ★★★★★
www.flushingmeadowshotel.com

VIVE LA BOHEME 25

Das HOTEL LA MAISON überrascht mit kreativem Stilmix

LA MAISON

Hotel la maison / Occamstraße 24
Preise: ★★★★★
www.hotel-la-maison.com

Individualisten und Kosmopoliten steigen hier gern ab. Das Ambiente ist aber auch inspirierend: viel Lila, dunkles Braun, stylisch, extravagant. Das Frühstück wird nach individuellen Wünschen zubereitet. Würde man die Zeit um 50 Jahre zurückdrehen, würde man rundherum der legendären, wild und hemmungslos feiernden Hippie-Szene begegnen. Das Herz von Rebellion und Anderssein schlägt hier immer noch in kleinen Theatern wie dem Münchner Lustspielhaus, in Bars und Boutiquen.

HOTEL GÄSTEHAUS ENGLISCHER GARTEN

Außen ranken Efeu und wilder Wein, innen blüht die Nostalgie. Das Hotel von Familie Zankl in einer ehemaligen Mühle ist ein wahres Kleinod. Beim Frühstück auf der Terrasse watscheln gern mal Enten vorbei, oder ein Eichhörnchen sagt „Grüß Gott". Der Luxus hier sind das liebevoll Familiäre und die Diskretion. „Graf und Gräfin waren auch schon da", erzählt die Chefin, ohne Namen zu verraten. „Sie wählten ein Zimmer ohne Bad und meinten: ‚Baden können wir zu Hause.'"

Eingewachsen: das familiäre HOTEL GÄSTEHAUS ENGLISCHER GARTEN

ECHT ROMANTISCH 26 HOTEL LAIMER HOF

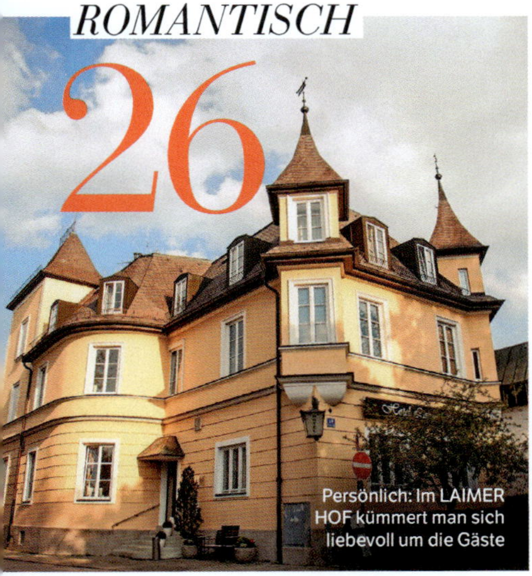

Persönlich: Im LAIMER HOF kümmert man sich liebevoll um die Gäste

Oh, ein kleines Schloss! Nein, nein, das Haus mit den Erkern und Türmchen ist ein waschechtes Hotel. Wahrscheinlich wurde es vom Schloss Nymphenburg gleich in der Nähe inspiriert. Auch die 23 Zimmer sind fürstlich eingerichtet: mit roten Teppichböden, edlen braunen Möbeln, vielen Schnörkeln, dezentem Gold, viel Weiß. Herr und Frau Rösch regieren ihr Familienhotel voller Herzlichkeit und geben auch gern Insidertipps für München und die Gegend ums Schloss.

Hotel Laimer Hof **/** Laimer Straße 40
Parkplatz / Preise: ★★★★★
www.laimerhof.de

IDYLLISCH 27

Lauschig, aber mitten in Schwabing: die Zimmer vom GÄSTEHAUS ENGLISCHER GARTEN

Hotel Gästehaus Englischer Garten **/** Liebergesellstraße 8
Preise: ★★★★★ / www.hotelenglischergarten.de

Modern und mit einer der besten Rooftop-Bars ausgestattet: das FLUSHING MEADOWS an der Isar

UNSER STAR

THE FLUSHING MEADOWS

HOTEL MARIANDL

28

Traumhaft: Das HOTEL MARIANDL steckt voller Nostalgie

„Erwarten Sie im Hotel Mariandl keine Flachbildfernseher, keine Teppichböden und keinen Aufzug. Aber was ist schon der Standard in einem denkmalgeschützten Belle-Époque-Hotel, das um 1900 gebaut wurde?" Einfach wunderbar, wie das Hotel sich selbst beschreibt. Holen wir uns also die Zimmerschlüssel an der Bar des Cafés am Beethovenplatz im Erdgeschoss, gehen die Eichentreppen nach oben und freuen uns auf Antiquitäten, uraltes Parkett, Marmor, Stuckdecken und frei stehende Badewannen.

Hotel Mariandl / Goethestraße 51
Preise: ★★☆☆☆
www.mariandl.com

BELLE *EPOQUE*

VOLLER *NOSTALGIE*

29

Im Royal Bavarian trifft Pop-Art auf traditionelles Bayerntum

25HOURS THE ROYAL BAVARIAN

Vom Hauptbahnhof sind es nur ein paar Schritte: Schon steht man in der Lobby des 25hours, in dem früher die königliche Telegrafenstation untergebracht war. Die Ausstattung der 165 Zimmer reicht von der Schwanen-Suite über Adelsgemach, Herrschaftszimmer und Dienstbotenkammer – aber keine Sorge: Sie werden nicht neben einem Wischmop schlafen, sondern immer noch fürstlich im Queen-Size-Bett. Das israelische Hotelrestaurant Neni mit Falafel, Hummus, Baba Ghanoush und Steaks ist zurzeit bei den Münchner Foodies beliebt. Als Tagesabschluss lohnt sich ein Abstecher in die Bibliothek: Hier residiert die Boilerman Bar, in der es den besten Gin-Basil-Highball der Stadt gibt.

25hours The Royal Bavarian
Bahnhofplatz 1 / Preise: ★★★☆☆
www.25hours-hotel.com

HOTEL OPERA

STADTPALAIS *MIT STIL*

Die verschnörkelte schwarz-weiße Fassade, der mediterrane Renaissance-Innenhof mit den Bogengängen, das viele Weiß und Gold, die Palmen – im Hotel Opera fühlt man sich wie in einem kleinen Stadtschloss. Besonders, wenn man im Zimmer mit dem Himmelbett und dem Kronleuchter schläft, auf einem der stoffbezogenen Stühle Platz nimmt und die Perlenkette auf dem antiken Nachttisch ablegt. Wer ein liebevoll renoviertes Juwel aus dem vorigen Jahrhundert sucht, ist hier goldrichtig.

Hotel Opera
St.-Anna-Straße 10
Preise: ★★★☆☆
www.hotel-opera.de

30

Das HOTEL OPERA schätzen auch prominente Gäste

BUNTE *PROMI-TIPP:*

„Ich bin ein großer Fan des trendigen **ROOMERS** in München: stylische Zimmer – übrigens mit Badewanne direkt neben dem Bett –, eine gemütliche Atmosphäre und das integrierte japanische Restaurant Izakaya – heißt übersetzt ‚Kneipe'."

JENNIFER KNÄBLE
MODERATORIN

INNEGRIT VOLKHARDT GASTGEBERIN DER STARS

We proudly present: die Grande Dame des legendären Fünf-Sterne-Hotels Bayerischer Hof:

Ein freier Tag für Sie in München. Es ist sonnig und warm. Was unternehmen Sie? Ich frühstücke am Starnberger See im Midgardhaus. Danach spaziere ich über den Viktualienmarkt oder durch den Hofgarten zu den Surfern am Eisbach. An heißen Tagen mag ich die Fünf Höfe mit ihren hängenden Gärten. Dort ist es angenehm kühl. Nach einer Kugel Eis bei Ballabeni beende ich den Tag im Schumann's im Hofgarten.

Wo finden Sie München ganz besonders münchnerisch? Am Gärtnerplatz, im Hofgarten und auf dem Viktualienmarkt.

Was zeigen Sie privaten Gästen wie alten Freunden? Das neue Kunstareal, Architektur-Highlights wie die BMW Welt oder das Jüdische Museum, den absolut unveränderten und wunderschönen Viktualienmarkt.

Ein typisches Mitbringsel aus München? Frische Weißwürste, süßer Senf und Brezn, dazu ein kühles Andechser Weißbier.

München in fünf Worten? Wirtschaftlich hochdynamisch, innovativ, naturverbunden, gemütlich, gesellig.

Wie kleiden Sie sich am liebsten und wo in München kaufen Sie dafür ein? Privat am liebsten Jeans und Chucks, fürs Büro habe ich früher ausschließlich bei Helmut Lang eingekauft, heute trage ich vor allem Dolce & Gabbana und Costume National.

Wo und wobei entspannen Sie sich? Bei meinen vier Eseln. Oder beim Tauchen auf den Malediven.

Welcher Gast hat Sie in letzter Zeit zum Lachen gebracht? Thomas Gottschalk, als er meine Bürotür mit den Worten „Ich hab das hier im Griff" bewachte.

Wen würden Sie gern noch als Gast begrüßen? Die Queen.

Ihre Vision für die nächsten Jahre? Weiteres Streben nach Entwicklung und bestmöglicher Perfektion für den Bayerischen Hof. Und für München wünsche ich mir eine erfolgreiche Entwicklung von notwendigem Wachstum, ohne die Lebensqualität dieser wunderbaren Stadt zu gefährden.

„München ist noch immer der Mittelpunkt der Republik."

SCHÖNER *schlafen*

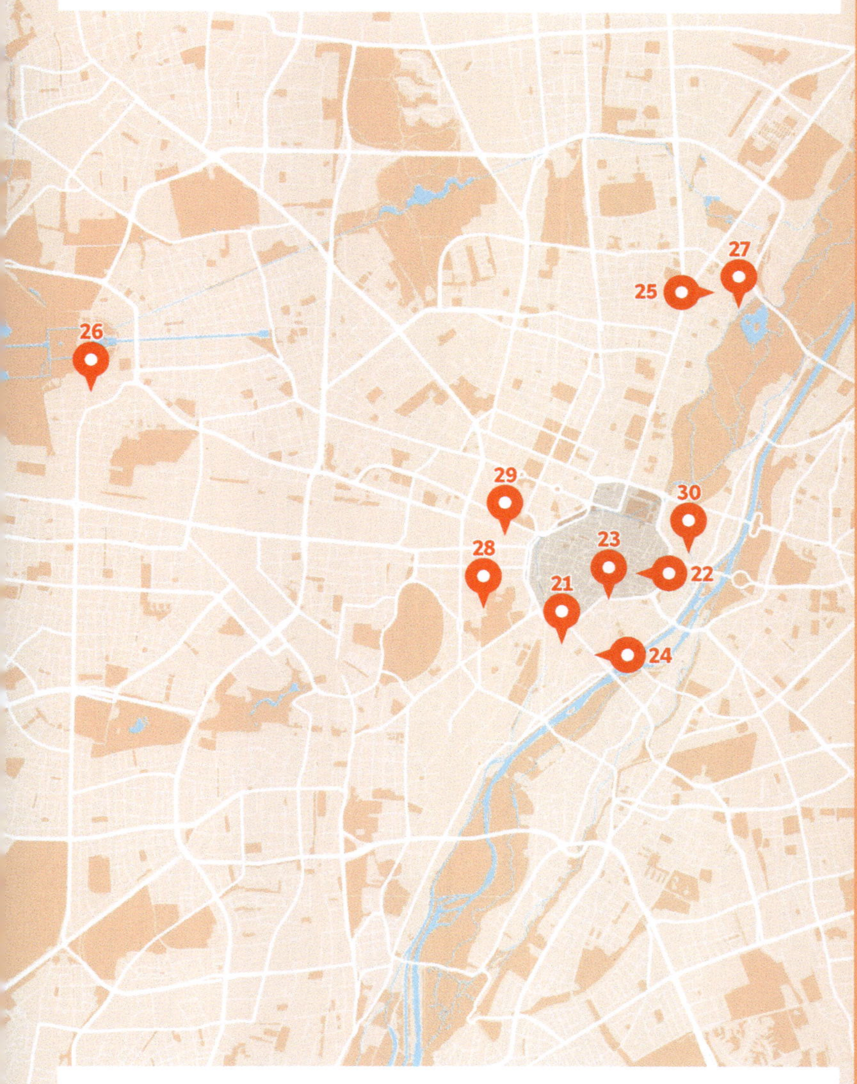

21 HOTEL OLYMPIC Hans-Sachs-Straße 4 / **22** HOTEL CORTIINA Ledererstraße 8 / **23** DERAG LIVINGHOTEL Frauenstraße 4 / **24** THE FLUSHING MEADOWS Fraunhoferstraße 32 / **25** HOTEL LA MAISON Occamstraße 24 / **26** HOTEL LAIMER HOF Laimer Straße 40 / **27** HOTEL GÄSTEHAUS ENGLISCHER GARTEN Liebergesellstraße 8 / **28** HOTEL MARIANDL Goethestraße 51 / **29** 25HOURS THE ROYAL BAVARIAN Bahnhofplatz 1 / **30** HOTEL OPERA St.-Anna-Straße 10

Statt Sternen sehen Sie im Restaurant NENI im 25HOURS HOTEL himmlische Glaslüster an der Decke. Darunter werden Ihnen israelische Streetfood-Speisen wie der „Sabich“-Teller und Wein von den Golanhöhen serviert

KUNST, KULT & *Kultur*

Museen, die (allen) Spaß machen

EIN REGNERISCHER SOMMERTAG. WAS TUN? Ab ins Museum. München war seit jeher eine Künstlerstadt und strotzt vor Sammlungen, Galerien und Ausstellungen mit teils einzigartigen Werken. Die Museums-Cafés und -Shops sind auch immer einen Besuch wert. Für Nachtschwärmer der Hit: die „Lange Nacht der Münchner Museen“, in der rund 90 Museen bis 2 Uhr geöffnet haben

PINAKOTHEK DER MODERNE: Meisterwerke der Sammlung Moderne

31 DREI *KLASSIKER*

PINAKOTHEKEN

Die NEUE PINAKOTHEK: europäische Kunst des 19. Jahrhunderts

ALTE PINAKOTHEK: Rubens, Rembrandt, Raffael & Co.

Die Pinakotheken gehören zu den renommiertesten Kunstsammlungen weltweit. In der Alten Pinakothek gibt es Kunst vom Mittelalter über Renaissance und Barock bis zum ausgehenden Rokoko. In der Neuen Pinakothek die Hauptwerke des Klassizismus, der Romantik, des Jugendstils, des Impressionismus und der Nazarener sowie Manets, Cezannes und van Goghs. Die Pinakothek der Moderne präsentiert Kunst, Grafik, Architektur und Design des 20. und 21. Jahrhunderts von Marcel Breuer bis Le Corbusier und von Max Beckmann bis Neo Rauch.

Die Pinakotheken / Barerstraße 27, 29 und 40 Täglich 10–18 Uhr, Alte und Pinakothek der Moderne montags geschlossen, Neue Pinakothek dienstags geschlossen / www.pinakothek.de

PINAKOTHEK DER MODERNE: vier unabhängige Museen in einem

32 STREETART *IM MUSEUM*

MUCA

Experimentell: das MUCA und das RESTAURANT MURAL

Da soll noch mal einer sagen, München sei sich zu schick für Streetart. Die Stadt widmet der jungen Kunstform sogar ein Museum: Deutschlands erstes Museum für Urban und Contemporary Art. Das MUCA präsentiert international gefeierte Künstler, experimentelle Formate, Künstler- und Expertengespräche, Lesungen, Führungen. Auch sehr zu empfehlen: das Restaurant Mural, wo es tagsüber lässig zugeht und einen abends beim „Fine Dining“ asiatische und südamerikanische Menüs als Kunst auf den Teller umhauen.

muca – museum of urban and contemporary art / Hotterstraße 12
Mi–Mo 10–20 Uhr
www.muca.eu

33 SAMMLUNG GOETZ

Voller Leidenschaft: die einmalige SAMMLUNG GOETZ

HERZENS-*ANGELEGENHEIT*

Ein Geheimtipp für Kunstbeflissene, etwas ab vom Schuss. Die Galerie ist so speziell, dass man sich vorher anmelden muss. Dafür bekommt man aber auch das Besondere: eine weltweit bedeutende Sammlung zeitgenössischer Kunst sowie wechselnde Ausstellungen, Zeichnungen, Grafiken, Gemälde, Fotografien, raumbezogene Installationen und „Time-based Media“-Arbeiten wie Video, Film und Mehrfach-Projektionen. Gesammelt von der beeindruckenden Ingvild Goetz, präsentiert in einem Gebäude der Stararchitekten Herzog und de Meuron.

Sammlung Goetz / Oberföhringer Straße 103
Do, Fr 14–18, Sa 11–16 Uhr
www.sammlung-goetz.de

34

JÜDISCHES MUSEUM

ORT DER *BEGEGNUNG*

Raum zum Diskutieren: Im JÜDISCHEN MUSEUM wird die Geschichte lebendig

Spaziert man über den Jakobsplatz, fällt ein dominanter Komplex ins Auge: das Jüdische Museum nebst Jüdischer Hauptsynagoge Ohel Jakob. Im Untergeschoss des Museums beeindrucken die Dauerausstellung „Stimmen_Orte_Zeiten" und sieben Installationen, die jüdisches Leben in München optisch und akustisch erfahrbar machen. Näher kennen lernt man hier auch die jüdische Religion mit ihren Jahresfesten wie Chanukka und Übergangsriten wie Beschneidung und Bar Mitzwa.

Jüdisches Museum
Sankt-Jakobs-Platz 1
Di–So 10–18 Uhr
juedisches-museum-muenchen.de

35

BAYERISCHES NATIONALMUSEUM

Bayerisches Nationalmuseum / Prinzregentenstraße 3
Di–So 10–17, Do 10–20 Uhr www.bayerisches-nationalmuseum.de

Europäische Kunst und Kultur aus zwei Jahrtausenden. Spektakulär ist schon mal die große Treppe gleich nach dem Eingang. Jungs bekommen dann große Augen bei den Ritterrüstungen, Lanzen und anderen Waffen, etwas filigraner geht es bei den Porzellanen, Elfenbeinen, Musikinstrumenten und Goldschmiedeobjekten zu. Highlights: die Krippensammlung und im selben Haus das edle Café und Restaurant MUSEUM, wo man nicht nur schön sitzt, sondern auch hervorragend speist.

KRIPPEN, RITTER, *GAUMENFREUDEN*

Schatztruhe: das BAYERISCHE NATIONALMUSEUM

Hingucker im Kunstareal: das moderne MUSEUM BRANDHORST

MODERNE
SAMMLUNG

36

MUSEUM BRANDHORST

Hinter der auffallenden Fassade steckt wegweisende Kunst des 20. und 21. Jahrhunderts. Zeitgenössisches von Medienkünstlern, klassische Avantgarde, europäische und amerikanische Nachkriegskunst, Skulpturen, Fotografien, Objekte, Bilder, Sammlungen. Einzigartig sind die über 100 Arbeiten von Andy Warhol und über 170 Werke des amerikanischen Künstlers Cy Twombly. Was hier anders ist als in den benachbarten Pinakotheken: Im Mittelpunkt der Sammlung stehen immer einzelne Künstlerpersönlichkeiten.

Museum Brandhorst / Theresienstraße 35a
Di–So 10–18, Do 10–20 Uhr
www.museum-brandhorst.de

BUNTE *PROMI-TIPP:*

„Aus meinem Büro habe ich einen Blick auf eines der schönsten Gebäude Münchens – die **Kunstakademie.** Von dort sind es nur wenige Minuten zum **Museum Brandhorst,** ein absolutes Highlight. Dann vielleicht ein Cappuccino im Dinatale oder in der Bar Giornale in der Georgenstraße."

QUIRIN BERG
FILMPRODUZENT

Was Udo und Anette Brandhorst jahrzehntelang gesammelt haben, darf die Öffentlichkeit im eindrucksvollen MUSEUM BRANDHORST bestaunen: über 700 moderne Gemälde, Skulpturen, Grafiken und Fotografien wegweisender Künstler wie Twombly

UNSER STAR

MUSEUM BRANDHORST

KURIOSITÄTEN *IM TURM*

Skurriles Vermächtnis: das VALENTIN KARLSTADT MUSÄUM

Zunächst einmal: Es heißt Valentin. Nicht Walentin. Wer das verstanden hat, darf den taubenumflatterten Turm des Isartors emporsteigen und skurrile Dinge wie einen pelzverzierten Winterzahnstocher und den sehr seltenen Tropfen Beamtenschweiß bewundern und tolle Ton- und Filmdokumente, Fotografien und Postkarten über den Komiker Karl Valentin (1882–1948) und seine Partnerin Liesl Karlstadt, die mal so IN waren wie heute Tedros Teclebrhan und Monika Gruber.

37 VALENTIN KARLSTADT MUSÄUM

Valentin Karlstadt Musäum
Tal 50
Mo, Di, Do 11.01–17.29, Fr, Sa 11.01–17.59, So 10.01–17.59 Uhr
www.valentin-musaeum.de

MAN LERNT *NIE AUS*

Phänomenal: Im MUSEUM MENSCH UND NATUR wird die Welt erklärt

Münchner Kindl jeglichen Alters zieht es immer wieder ins „Mensch und Natur". Weil's einfach spannend ist. Weil man immer wieder was dazulernt. Über den Planet Erde, die Welt der Minerale, Nahrung von Menschen und Tieren, Nerven und Gehirn, Genwelten. Alles ist sehr anschaulich präsentiert mit interaktiven Elementen oder Reaktionsspielen. Highlights: der Erdbebensimulator und ein präpariertes Double vom „Problembär Bruno", der im Frühsommer 2006 für Schlagzeilen gesorgt hat.

MENSCH UND NATUR 38

Museum Mensch und Natur
Schloss Nymphenburg
Di–Fr 9–17, Do 9–20, Sa, So 10–18 Uhr
www.mmn-muenchen.de

KÖPFE, MASKEN, *GOLD*

Eindrucksvoll: Kunst und Kultur im ÄGYPTISCHEN MUSEUM

39

ÄGYPTISCHES MUSEUM

Über eine breite Freitreppe geht es in die Unterwelt, wo 5000 Jahre Kunst und Kultur aus dem alten Ägypten präsentiert werden. Kunstwerke von Weltrang, dauerhafte und Sonder-Ausstellungen. Tolle Exponate wie Porträtköpfe aus dem zweiten Jahrhundert vor Christus, königliche Sargmasken, Katzenmumien, Mumienporträts, Alltagsgegenstände, Goldfiguren. Tipp: eine Führung mit interaktiven Touchscreens machen. Die Texte sind spannend, die Musik wurde eigens dafür komponiert.

Staatliches Museum Ägyptischer Kunst / Gabelsbergerstraße 35
Di 10–20, Mi–So 10–18 Uhr / www.smaek.de

40

DER BLAUE *REITER USW.*

Einmal im Original sehen: das Blaue Pferd von Franz Marc

LENBACHHAUS

München sieht sich ja gern als die „Stadt des Blauen Reiter“. Kein Wunder also, dass sich hier die weltweit größte Sammlung an Bildern aus dem Künstlerkreis um Wassily Kandinsky und Franz Marc befindet.
In der historischen Villa Franz von Lenbachs gibt es aber auch noch viele andere bildschöne Werke zu bestaunen: Malereien aus dem 19. Jahrhundert, Installationen von Joseph Beuys, Gemälde von Franz von Lenbach selbst, der München als Kunststadt entscheidend geprägt hat.

Städtische Galerie im Lenbachhaus / Luisenstraße 33
Di 10–20 Uhr, Mi–So 10–18 Uhr
www.lenbachhaus.de

DAS *WERKS-VIERTEL*

Mit dem Werksviertel hinter dem Ostbahnhof katapultiert sich München in völlig neue Dimensionen. Im kreativsten Hot-Spot der Stadt geht es mächtig ab: Kunstmessen, Ausstellungen, Konzerte, Musicals, Shows, Flohmärkte, Workshops, Kurse. Immer etwas geboten hier. Für Jung und Alt. Für unterschiedliche Gesellschaftsschichten. Am Puls der Stadt: das Werksviertel.

Typisch WERKSVIERTEL: von der Bar im Container auf Gleise im Hintergrund blicken

Wo in den 1950er-Jahren die Knödel der Pfanni-Fabrik vom Band liefen, brodelt heute ein Kreativ-Quartier, das Urbanität völlig neu erfindet. In umfunktionierten Industriegebäuden und Neubauten tummeln sich Kunst- und Konzerträume, Pop-up-Galerien, Werkstätten und Freizeitstätten. In Clubs, Bars, Restaurants und Shops wird gefeiert, geschlemmt und eingekauft. In Hotels, Wohnungen und Loft-Büros gelebt und gearbeitet. Ein aufregendes Gesamtkunstwerk. Inspirierend und spannend. Einzigartig in München und immer einen Besuch wert, auch wenn man nur kurz in der Stadt ist.

KUNST, KULT & *Kultur*

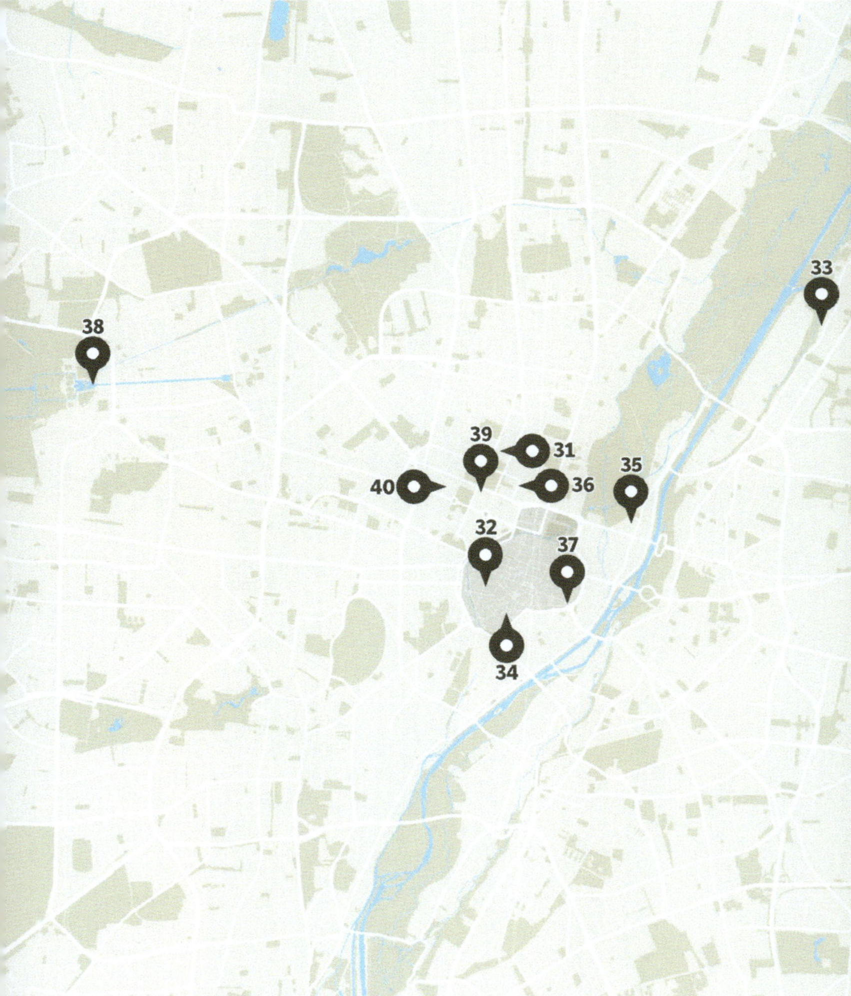

31 PINAKOTHEKEN Alte und Neue Pinakothek: Barerstraße 27 und 29; Pinakothek der Moderne: Barer Straße 40 / **32** MUCA – MUSEUM OF URBAN AND CONTEMPORARY ART Hotterstraße 12 / **33** SAMMLUNG GOETZ Oberföhringer Straße 103
34 JÜDISCHES MUSEUM Sankt-Jakobs-Platz 16 / **35** BAYERISCHES NATIONALMUSEUM Prinzregentenstraße 3 / **36** MUSEUM BRANDHORST Theresienstraße 35a / **37** VALENTIN KARLSTADT MUSÄUM Tal 50 / **38** MUSEUM MENSCH UND NATUR Schloss Nymphenburg
39 STAATLICHES MUSEUM ÄGYPTISCHER KUNST Gabelsbergerstraße 35
40 STÄDTISCHE GALERIE IM LENBACHHAUS Luisenstraße 33

Prunk und Moderne: STÄDTISCHE GALERIE IM LENBACHHAUS, PINAKOTHEK DER MODERNE, GLYPTOTHEK mit antiken Statuen, oft Vorlage für Kunststudenten, und die OPER

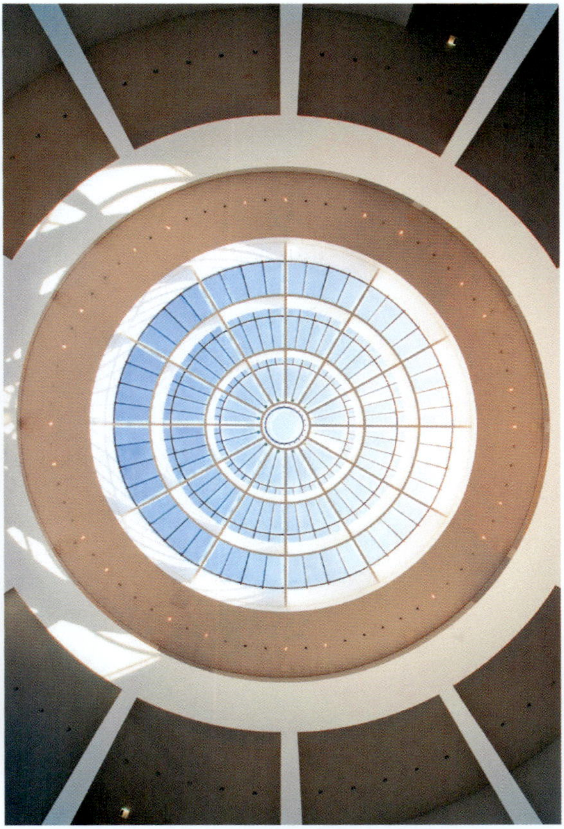

SMARTER *shoppen*

Die besten Insider-Adressen

TOURISTEN BEHAUPTEN OFT: So toll wie in München kann man nirgendwc sonst einkaufen. Das finden wir auch. Auf unserer Shoppingtour durch die Stadt sind wir so lange durch Traditionskaufhäuser, Einkaufszentren, Nobelboutiquen, versteckte Läden, Pop-up- und Concept-Stores gezogen, bis wir uns sicher waren: Diese zehn Hot-Spots sind einfach unschlagbar

MARION HEINRICH

LUXUS-*TEMPEL*

Stilikone: MARION HEINRICH hat ein Händchen für angesagte Designer

MARION HEINRICH

41

Marion Heinrich, Ex-Model und Ex-Miss-Germany, ist eine Münchner Institution im Bereich Luxusmode. Ihre Boutique nennt sie liebevoll „modernes Fashion Spa". Präsentiert werden dort in separaten Corners Lanvin, Victoria Beckham, Manolo Blahnik, Balmain, Jil Sander und andere große Namen. Auch drei Flagship-Stores gehören der Königin der Residenzstraße, die ein Gespür für besondere Labels hat: Tom Ford, Chloé und Balenciaga. Und – pssst – ein Outlet in der Hochbrückenstraße 10.

Marion Heinrich / Residenzstraße 18
Mo–Fr 10–19, Sa 10–18 Uhr / Preise: ★★★★★
www.marion-heinrich.com

42 THERESA

Hier shoppt die Münchnerin luxuriöse Klassiker und junge Trends, Bekleidung, Accessoires, Schuhe, Taschen. Seit der Eröffnung im Jahr 1987 hat der Store für Luxus-Damenmode eine treue Fangemeinde. Es ist aber auch immer wieder ein Erlebnis, durch die drei Etagen im Herzen Münchens zu streifen und die begehrtesten Designer und Labels der Welt zu entdecken: mehr als 100 bekannte Namen von Acne Studios über Isabel Marant bis hin zu Gucci und Prada.

Theresa / Maffeistraße 3
Mo–Fr 10–19, Sa 10–18 Uhr
Preise: ★★★★☆
www.theresa.de

Taschentempel THERESA

STIL-
PARADIES

43 BEAN STORE

Ladenbesitzerin Laura hat Modejournalismus und Kunstgeschichte studiert, immer Zeit für einen kleinen Ratsch und in ihrem geschmackvollen Laden voller Herz und Seele ausschließlich qualitativ hochwertige, zeitlose, ehrliche Dinge. Keine Wegwerftrends, sondern Stil, der bleibt. Deshalb trifft man hier auch coole Frauen jeglichen Alters oder kann bei einem der regelmäßigen Events im Store auch mal vegane Hafermilch oder „ISAR Bier“ schlürfen.

Bean Store / Theresienstraße 25
Mo–Fr 12–19, Sa 12–18 Uhr / Preise: ★★★★☆
www.bean-store.de

NACHHALTIG
STYLISCH

Unkonventionell: Im BEAN STORE trifft man coole Mode und schöne Frauen

Reduziert und filigran: die Kreationen der Tüftlerin SASKIA DIEZ

SCHMUCK-
GÖTTIN

44

SASKIA DIEZ

Schon möglich, dass man in Bars, auf Partys oder bei der Hochzeit gefragt wird: „Von Saskia Diez?" Die Kreationen der Schmuckdesignerin sind nämlich unverkennbar. Schlicht und elegant, voller Klarheit, einzigartig, hochwertig, urban. Auch in New York, Tokio, London und auf der Berliner Fashion Week werden sie gezeigt. In München hängen sie schlicht an der weißen Wand in ihrem Showroom mit Atelier im Hinterhof oder stecken in einer der vielen Schubladen der Kommode, die ihr Mann designt hat.

Saskia Diez **/** Geyerstraße 20
Di–Fr 11–19, Sa 11–17 Uhr
Preise: ★★★☆☆
www.saskia-diez.com

CONCEPT-
STORE

45

Handverlesen: der riesige SCHWITTENBERG CONCEPT-STORE

Wer ein edles Geschenk sucht oder sich selbst verwöhnen möchte, ist hier am richtigen Ort. Die Bandbreite reicht von Street bis Luxus. Allein durch die 250 qm im Luitpoldblock im Brennerquartier mitten in der Stadt zu flanieren, ist ein herrliches Erlebnis. Da begegnet man Ankle Boots von Isabel Marant Étoile, Mänteln und Jacken von Acne Studios, Mützen, Taschen, Sonnenbrillen etc. von angesagten Labels. Und „Dingen" wie Schnäpsen, kuschelweichen Puppen, exzentrischen Möbeln.

SCHWITTENBERG

Schwittenberg **/** Salvatorplatz 4
Di–Fr 11–19, Sa 11–18 Uhr / Preise: ★★★★☆
www.schwittenberg.com

In jedem Stück steckt eine Geschichte: We love VINTAGE LOVE

VINTAGE LOVE

Szenegänger aus den 80er-Jahren kennen Inge Grandl noch von früher als Geschäftsführerin vom Park Café. Heute inszeniert sie exklusive Bühnenkleidung, noble Cocktailkleidchen, einmalige Haute-Couture-Roben, Capes, Taschen, Schuhe und Accessoires aus den 50er- bis 70er-Jahren in ihrem hinreißenden Geschäft beim Viktualienmarkt. Aber nicht nur die Fangemeinde von früher kommt, sondern auch die 15-jährige Fashionista, die genug von billigem Allerlei hat.

DESIGNER-*SECONDHAND* 46

Vintage Love / Frauenstraße 22
Mo–Fr 13–19, Sa 13–18 Uhr / Preise: ★★★☆☆
www.vintageandmore.de

AMSEL FASHION 47

Bezaubernd und salonfähig: die Dirndl und Trachten bei AMSEL FASHION

Alexandra von Frankenberg von Amsel Fashion ist keine Unbekannte in der Modeszene. Sie arbeitete in namhaften Münchner Verlagen und für große Modemagazine. Weil ihre selbst genähten Dirndl bei Freunden und Kollegen so gut ankamen, machte sie sich selbstständig. Zum Glück! Denn jetzt können alle ihre wunderbaren Dirndl, Blusen, Blazer, Westen kaufen, die Tradition und Moderne kombinieren, zeitlos elegant sind und echtes Münchner Lebensgefühl ausdrücken.

Amsel Fashion / Adalbertstraße 14
Mi–Fr 11–18.30, Sa 11–15 Uhr
Preise: ★★★☆☆
www.amsel-fashion.com

TRADITION *UND ZEITGEIST*

MARION HEINRICH, Ex-Model und Stilikone, hat ein Gespür für besondere Labels. In ihrem Multibrand-Store in der Theatinerstraße stößt man deshalb mit absoluter Sicherheit auf exklusive internationale Designermode

UNSER STAR

MARION HEINRICH

48

BLUMEN & *SCHOKOLADE*

2SINNE

Das Paradies für Chocoholics und Blütenfreunde. Und wussten wir es nicht schon immer? Pralinen und Blumen sind wie füreinander geschaffen. Zwei Schwestern, die eine Bäckermeisterin, die andere Floristin, haben aus einer Idee ein florierendes Geschäft gemacht. Die innerbetrieblichen Synergien sind einfach grandios: In edlen handgeschöpften Schokoladentafeln stecken Rosenblüten, in Sträuße werden wiederum Pralinen eingebunden. Damit wird man beim ersten Date richtig punkten.

Geniale Kombi: Im 2SINNE entstehen Gesamtkunstwerke aus Blumen und Pralinen

2Sinne / Herzogstraße 12 / Mo–Fr 9–19, Sa 9–14 Uhr
Preise: ★★★☆☆ / www.2sinne.de

BUNTE *PROMI-TIPP:*

„Ich liebe den **BSTN Store** in Schwabing. Hier finde ich die angesagtesten Sneaker, und es gibt auch immer wieder coole Events. Ein echtes Münchner Original. Das Team hat mittlerweile auch einen zweiten Laden im Schanzenviertel in Hamburg eröffnet."

VIVIANE GEPPERT
MODERATORIN

SCHÖNES AUS *PAPIER*

Papierboutique für Feinsinnige: GMUND PAPIER UND DRUCK

49 GMUND PAPIER UND DRUCK

Gmund Papier und Druck
Prannerstraße 5
Mo–Fr 10–18, Sa 10–14 Uhr
Preise: ★★★★★
www.bayerischerhof.de

„Ois Guade“, „Servus“ oder „So schee scho“ steht auf den edlen Grußkarten, womit schon das Wichtigste gesagt ist, wenn man eine echt münchnerische Karte verschicken will. Eine dezente, schöne, jenseits von bayerischen Klischees. Die kleine Papierboutique im Bayerischen Hof hat auch feinste handgeschöpfte Papiere, Notizblöcke, Hefte, Schachteln, Kalender – alles, was das Papierliebhaberherz höherschlagen lässt. Dahinter steckt übrigens eine ganz Große: die Papierfabrik in Gmund.

50 THE LOVELY CONCEPT

Schöner leben: THE LOVELY CONCEPT ist Liebe pur

Marie-Charin Thomas hat drei große Leidenschaften: Interieur, Kids und Woman-Fashion. Die steckte sie in ihren süßen Laden und in ihren Online-Shop. Da gibt es liebevolle Unikate, die das Zuhause schöner machen, Mode, Körbe, Kissen, Vasen. Für die Kleinsten entwirft die Designerin etwas ganz Außergewöhnliches: Kleidung aus Pali- und Hamam-Stoffen, die sie in Deutschland fertigen lässt. Im alternativ geprägten Stadtviertel Haidhausen trifft sie damit mitten ins Herz der Mamas und Papas.

The Lovely Concept / Steinstraße 27
Di–Fr 10–19, Sa 10–14 Uhr
Preise: ★★★★★ / www.thelovelyconcept.com

ALLES AUS *LIEBE*

LOKALMATADOREN DER MODE: *TALBOT & RUNHOF*

Johnny Talbot und Adrian Runhof sind Talbot Runhof. Mit ihrem Label sind sie auf dem roten Teppich zu Hause. Ihr Credo: It's all about knowing where to stop. Wir haben ihnen ein paar Fragen rund um München gestellt.

Der Stil der Stadt: Johnny Talbot und Adrian Runhof

Halten Sie München für eine „Modestadt" und warum? Na klar, hier gibt es einfach eine Menge modischer Menschen – und ein paar sehr gute, die Mode machen …

Der typische München-Stil in fünf Worten? Fesch, farbig, festlich, fabulous und ganz ehrlich: auch Fetisch.

Welcher Style von Münchnerinnen ist ein absolutes No-Go für Sie? Glitzerdirndl und Goldknopfblazer.

Münchner Stilikonen? Marion Heinrich, damals wie heute …

Wer kauft bzw. trägt Ihre Mode? Es gibt keine typische Talbot-Runhof-Kundin, das empfinden wir als großes Glück. Bei uns werden von Selena Gomez bis Helen Mirren und von Heidi Klum bis Oprah Winfrey alle Alters- und Größenklassen glücklich.

Welche Neukundin würden Sie besonders gern einkleiden? Die erste amerikanische Präsidentin.

Wo oder wovon lassen Sie sich inspirieren? Das Hier und Heute inspiriert uns am allermeisten. Es kann ein Street-Look sein, eine Ausstellung, ein Theater- oder Kinobesuch – Inspiration is everywhere …

Welche Mode tragen Sie persönlich? Wo kaufen Sie ein? Momentan am liebsten unseren Jogger-Tuxedo, den wir für Wormland entworfen haben. Er kommt unserem Casual Style sehr entgegen. Und bei Stereo in der Residenzstraße könnten wir arm werden …

Was muss man in München unbedingt gesehen haben? Die Werkstatt von Werkstatt: München in der Fraunhoferstraße 31!

Was lieben Sie in München besonders? Die Pinakothek der Moderne, Les Fleurs du Mal im Schumann's, Fisch Witte am Viktualienmarkt – vor allem, wenn die Sonne scheint …

Wo in München genießen, entspannen, feiern Sie am liebsten? Bei uns auf der Dachterrasse – Sebastian kocht, Johnny legt auf, Eric lädt die Gäste ein, Adrian deckt den Tisch, und Cooper führt seine Kunststücke vor …

SMARTER *shoppen*

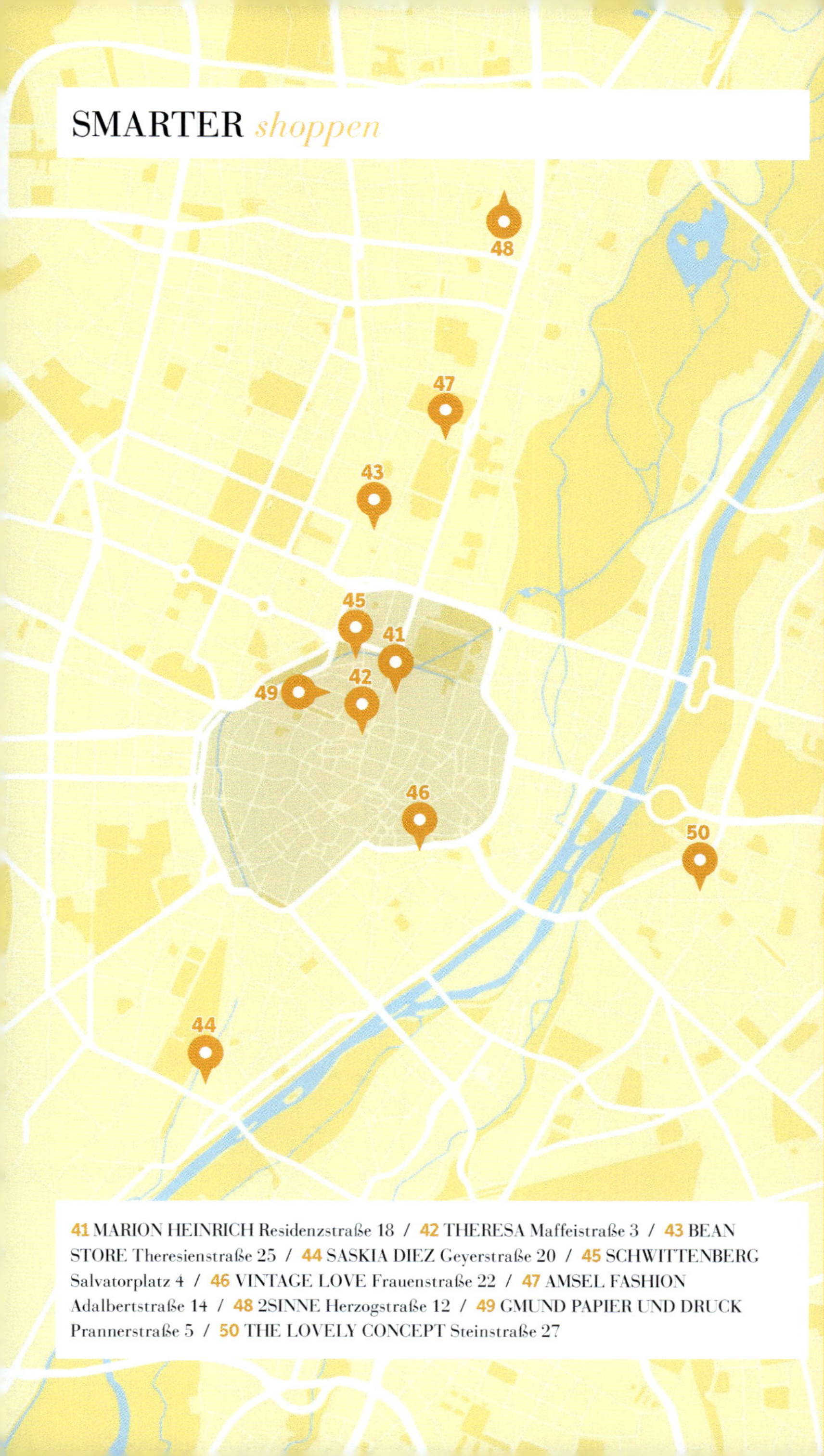

41 MARION HEINRICH Residenzstraße 18 / **42** THERESA Maffeistraße 3 / **43** BEAN STORE Theresienstraße 25 / **44** SASKIA DIEZ Geyerstraße 20 / **45** SCHWITTENBERG Salvatorplatz 4 / **46** VINTAGE LOVE Frauenstraße 22 / **47** AMSEL FASHION Adalbertstraße 14 / **48** 2SINNE Herzogstraße 12 / **49** GMUND PAPIER UND DRUCK Prannerstraße 5 / **50** THE LOVELY CONCEPT Steinstraße 27

YOU ARE ONE IN A melon
YAY!

Im THE LOVELY CONCEPT wird jeder fündig. Selbst der, der nichts sucht. Kleinigkeiten, Geschenke, Souvenirs oder Schönes für die Seele wollen entdeckt werden

GESCHICHTE
& Geschichten

Die wichtigsten Sehenswürdigkeiten, um München zu verstehen

WO FANGEN WIR AN? Bei der Stadtgründung im Jahr 1158? Beim Kini? Auf dem Viktualienmarkt? Es gibt vieles über München zu erzählen. Deshalb haben wir auf unserem Streifzug hinter die Kulissen geschaut und … und sagen jetzt voller Überzeugung: Unsere Top-Ten-Highlights beschreiben Münchens einzigartigen Charakter zwischen Metropole und Millionendorf am allerbesten

MARIENPLATZ/ GLOCKENSPIEL

HIGH *SOCIETY*

Täglich eine Sensation: der Puppentanz im GLOCKENSPIEL des Alten Rathauses über dem Marienplatz

51

Sie sind die wohl meistfotografierten Promis der Stadt: der tanzende Schäffler-Trupp, die Ritter und das Brautpaar hoch oben im berühmten Glockenspiel im Rathaus. Der clevere Paparazzo hebt sich von der knipsenden Masse unten auf dem Marienplatz ab, sucht sich den schönsten Platz an der Fensterfront im Café Glockenspiel genau gegenüber und hat hier nicht nur die lebensgroßen Holzfiguren optimal im Blick, sondern bekommt auch leckeren Kaffee und Kuchen, Drinks und köstliche Speisen.

Marienplatz, Glockenspiel
S 1–8, U 3/6 Marienplatz

U-BAHN WESTFRIEDHOF

52

Der Selfie-Hot-Spot schlechthin liegt unter der Erde. Genauer gesagt in der U-Bahn-Station Westfriedhof. Hier hängen nämlich die begehrenswertesten Lampen der Stadt. Der Lichtkünstler Ingo Maurer hat sie entworfen. Wer eine seiner Designerlampen in seinen eigenen vier Wänden haben möchte, besucht den eindrucksvollen Showroom, eine umgestaltete Industriehalle, in der Kaiserstraße 47. „Birdie", „Bulp" oder „Campari Light" hat man womöglich auch schon irgendwo bei Freunden bestaunt.

Lichtkunst im U-Bahnhof Westfriedhof
U 1/7 Westfriedhof

Kunst im Schacht: die riesigen Lampen des Lichtkünstlers INGO MAURER

DIE LAMPEN VON *INGO MAURER*

Nostalgie in Holz: das KINDER-KARUSSELL neben dem CHINATURM

53

STRAHLENDE *GESICHTER*

DER CHINESISCHE TURM

Mami und Papi lieben den Biergarten am Chinesischen Turm, die Sprösslinge das historische Holzkarussell. Hier drehten sich schon im Jahr 1913 stolze kleine Münchnerinnen auf den Pferden und coole Jungs auf Steinböcken und Hirschen. Auch heute genießen Touristen und nachmittägliche Mütter-Väter-Kinder-Runden den Hauch der Nostalgie, während im Hintergrund eine Blaskapelle ihr Bestes gibt. Mit rund 7000 Sitzplätzen einer der größten und beliebtesten Biergärten der Stadt.

Chinesischer Turm, Englischer Garten
Englischer Garten 3
Parkplatz Chinesischer Turm, Bus 54/150/154
www.chinaturm.de

MAHNMAL *VOR DER UNI*

DIE WEISSE ROSE

Eine schreckliche Erinnerung: die Flugblätter der WIDERSTANDSGRUPPE WEISSE ROSE

Vor der Widerstandsgruppe Weiße Rose um Sophie und Hans Scholl ziehen wir noch heute den Hut. Ihre Flugblätter gegen die Diktatur des Nationalsozialismus kosteten sie im Jahr 1943 das Leben. Zur Erinnerung an die mutigen Regimekritiker gibt es einige Denkmäler in München. Über ein besonders ergreifendes schlendern heute die Studenten der LMU teils arglos, teils ehrfürchtig hinweg: die Flugblätter in Stein vor dem Hauptgebäude der Ludwig-Maximilians-Universität am Geschwister-Scholl-Platz.

54

LMU, Flugblätter, Weiße Rose
Geschwister-Scholl-Platz 1
U 3/6 Universität
www.weisse-rose-stiftung.de

Eine Art Walk of Fame: der BOGENHAUSENER FRIEDHOF mit den Promi-Gräbern

55

PROMINENTER *GOTTESACKER*

Bogenhausener Friedhof
Bogenhauser Kirchplatz
Tram 18, Bus 54/154/187
Mauerkircherstraße
8–17 Uhr

BOGENHAUSENER FRIEDHOF

Münchner Persönlichkeiten wie der Regisseur Helmut Dietl, der Filmproduzent Bernd Eichinger, der Schauspieler Walter Sedlmayr, der Autor Erich Kästner fanden hier ihre letzte Ruhestätte. Das Areal in Bogenhausen gilt als Spiegelbild der Münchner Kultur- und Geistesgeschichte. Bei einem Spaziergang stößt man auf eindrucksvolle Grabstätten prominenter Münchner und Wahlmünchner, Künstler, Wissenschaftler, Politiker und Unternehmer.

MÜNCHNER RESIDENZ

56

König Ludwig I. liebte Italien und die Renaissance – das sieht man an seinem Apartment

Tribut an die Wittelsbacher: die prunkvolle Ahnengalerie

OLYMPIAPARK

Den Olympischen Sommerspielen von 1972 verdankt München ein wahres Eldorado an Freizeitspaß, Touren und Sehenswürdigkeiten. Ein wenig schwindelfrei sollte man bei der Zeltdachtour sein, besonders, wenn man dann noch mit Europas längstem Flying Fox quer über die Arena des Olympiastadions gleiten möchte. Wer noch höher hinauf möchte, fährt auf den Olympiaturm und blickt bei Föhn bis in die Alpen. Manchmal geht das auch vom Olympiaberg aus, den man locker erlaufen kann.

Freizeitstätte für alle: der OLYMPIAPARK aus dem Jahr 1972

57

MÜNCHEN *VON OBEN*

Olympiapark
Spiridon-Louis-Ring 21 / U 3/6 Olympiazentrum
www.olympiapark.de

KÖNIGLICHES *MÜNCHEN*

Eine Führung durch die Münchner Residenz ist eine Reise durch unterschiedlichste Epochen. Von 1508 bis 1918 war das Schloss Wohnort und Regierungssitz bayerischer Herzöge, Kurfürsten und Könige, der Ludwigs und Maximilians, die München entscheidend geprägt haben. Die prunkvollen Räume, die Höfe, die Schatzkammer, die Hofkapelle und das Cuvilliés-Theater sind wunderschön. Nicht vergessen: die bronzenen Löwen am Eingang streicheln, ein Foto machen und reich und glücklich werden.

Münchner Residenz
Residenzstraße 1
S 1–8 Marienplatz, U 3/4/5/6 Odeonsplatz
7–22 Uhr
www.residenz-muenchen.de

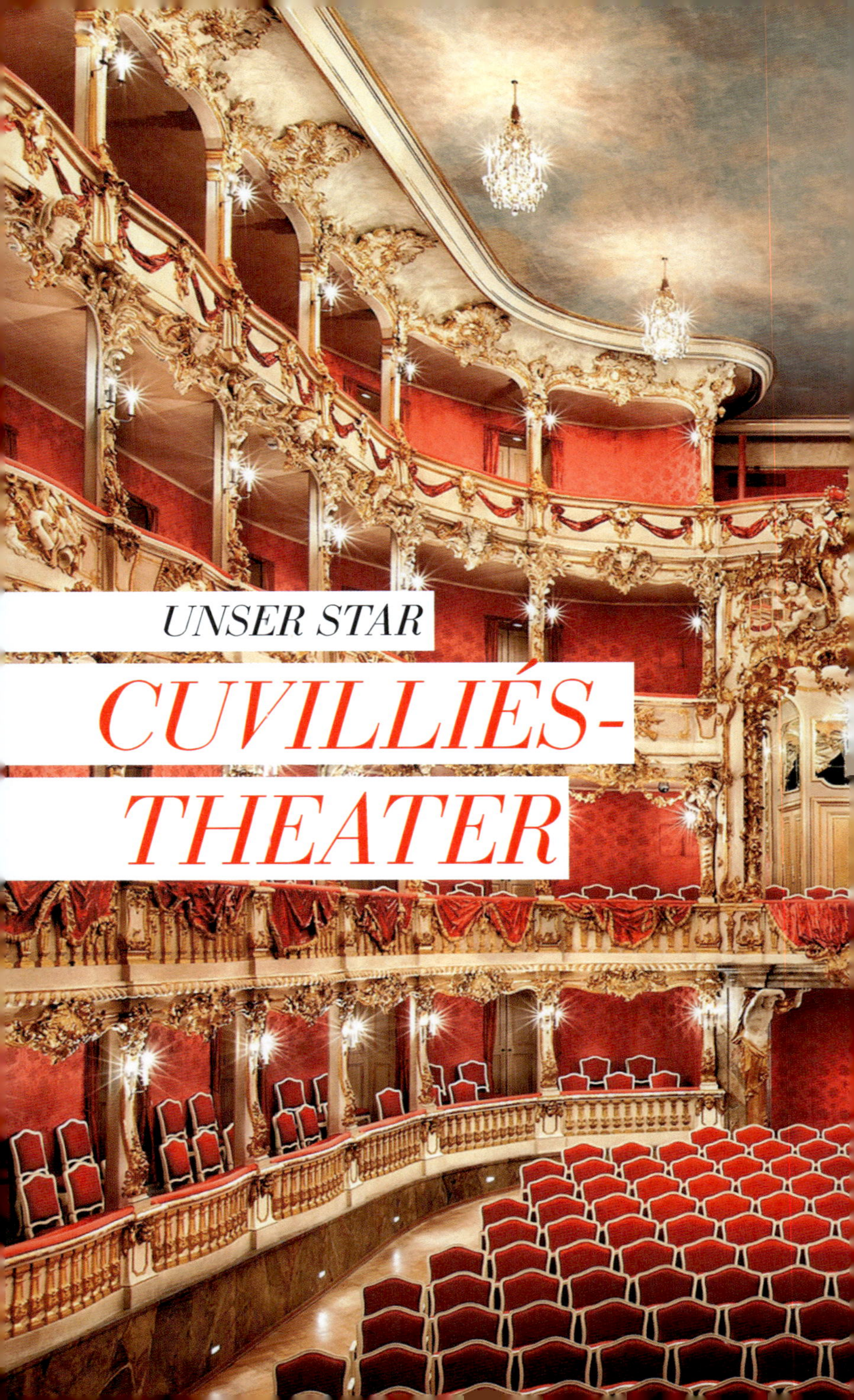

UNSER STAR

CUVILLIÉS-THEATER

Wer in München kleine Opern und Theateraufführungen in prunkvollstem Ambiente erleben möchte, besucht das CUVILLIÉS-THEATER in der Residenz. Im bedeutendsten Rokokotheater Deutschlands fanden bereits im 18. Jahrhundert Opernaufführungen statt

DIE PERFEKTE *WELLE*

Mutige Kämpfer: Die EISBACH-SURFER sind Münchens Local Heroes

58 EISBACH-SURFER

Da staunt der Fan von harten Kerlen und durchtrainierten Mädels nicht schlecht: Sommers wie winters stürzen sich die Local Heroes in den Eisbach, halten sich bewundernswert lange auf ihren Brettern oder tauchen auch mal schnell wieder ab. Das Beobachten ist ein fast so großer Nervenkitzel wie der Kampf gegen die Eisbachwelle selbst. Die Surfszene neben dem Haus der Kunst ist schon weit über die Grenzen Münchens bekannt, und die wachsende Eisbach-Community entdeckt man auch beim Surfen im Internet.

Eisbachwelle / Prinzregentenstraße,
Tram 18, Bus 100 Nationalmuseum, Haus der Kunst
www.eisbachwelle.de

Nur Profis sollten in die Welle

59 SCHLOSS NYMPHENBURG

Paradies für Spaziergänger und Jogger: Nymphenburger Schlosspark

PRUNK UND *PARK*

Jahrhundertelang verbrachten die Wittelsbacher hier ihren Sommer. Der charmante Ururenkel von König Ludwig III. weilt heute noch zeitweise im Schloss, aber vor allem in seiner Softwarefirma in Kenia. Zu jeder Jahreszeit ist es ein Traum, durch den Park zu flanieren, im Café Palmenhaus einzukehren oder eine Führung durch die prunkvollen Räume zu machen. Tipps: die Prunkschlitten im Marstallmuseum und die Porzellanmanufaktur (vorher anmelden), wo Produkte von Weltruf liebevoll von Hand bemalt werden.

Schloss Nymphenburg und Porzellanmanufaktur
Schloss Nymphenburg
Tram 17, Bus 50/151 Schloss Nymphenburg
www.schloss-nymphenburg.de

VIKTUALIENMARKT

60

Münchner und Touristen, Prominente, Nachbarn, einfach alle lieben den Viktualienmarkt. Man trifft sich hier zur Mittagspause und zum Einkaufen, macht Brotzeit im Biergarten, der als einziger der Stadt alle sechs Münchner Biere im Wechsel ausschenkt, isst eine Ochsensemmel, trinkt ein Glas Wein beim Fisch Witte oder einen frisch gepressten Saft bei Mauro Moisé, winkt der Käsefrau zu, schlendert von Standl zu Standl und fühlt sich einfach wie im Paradies. Rund 120 Stände voller Heimat oder Exotik gibt es auf dem Viktualienmarkt.

Viktualienmarkt
Viktualienmarkt 3
S 1–8, U 3/6 Marienplatz
www.muenchen.de/sehenswuerdigkeiten/

EINE GROSSE *FAMILIE*

Münchens schickstes Gemüse: der VIKTUALIENMARKT

BUNTE *PROMI-TIPP:*

„Der Ort, an dem man München am besten versteht, ist für mich der **Viktualienmarkt.** Schon als Kind war er für mich ein Highlight. Wenn ich mit meiner Mutter von Sendling aus in die Stadt gefahren bin, gab es immer eine Leberkäs-Semmel. Heute liebe ich es, am späten Abend über den Markt zu bummeln. An diesem Ort mitten in der Stadt scheint die Zeit stehen zu bleiben."

CHRISTINE NEUBAUER
SCHAUSPIELERIN

ECHT WAHR: *DER SKANDAL UM ROSI …*

In München steht ein Hofbräuhaus, doch Freudenhäuser müssen raus, damit in dieser schönen Stadt das Laster keine Chance hat … – Den Songtext der Spider Murphy Gang aus dem Jahr 1981 kennen und lieben wir alle. Ebenso den Skandal um diese Rosi im Sperrbezirk.

Legendär: das Album der Spider Murphy Gang mit Hits wie „Skandal im Sperrbezirk" und „Schickeria"

Beim Nächsten-mal-Mitgröhlen wissen wir dann auch Folgendes: Die Rosi hieß wie eine Freundin von Günther Sigl, Sänger der Spider Murphy Gang, Texter und Komponist von „Skandal im Sperrbezirk", und die Telefonnummer von Rosi (32 16 8) gab es wohl mehrmals, was einer älteren Dame zweifelhafte Anrufe und zahlreiche Entschuldigungs-Blumensträuße vonseiten der Band bescherte. Auch Freudenhäuser befanden sich damals noch mitten in der „schönen Stadt", zum Beispiel im Gassengewirr hinter dem Platzl. Aufgrund der Olympischen Spiele 1972 mussten die aber alle raus.

Nur zähneknirschend erzählen wir natürlich, dass Radiosender in Bayern das Lied nach seiner Veröffentlichung boykottierten, weil das Wort „Nutten" vorkam. Die Sender außerhalb von Bayern nahmen keinen Anstoß daran, und Anfang 1982 erreichte der Song Platz eins der Media-Control-Charts.

Was die Zeit und die Straße aus der skandalumwitterten Rosi gemacht haben? Das verraten die Münchner Hip-Hop-Band Blumentopf und Günther Sigl in der Rap-Version aus dem Jahr 2012.

GESCHICHTE & *Geschichten*

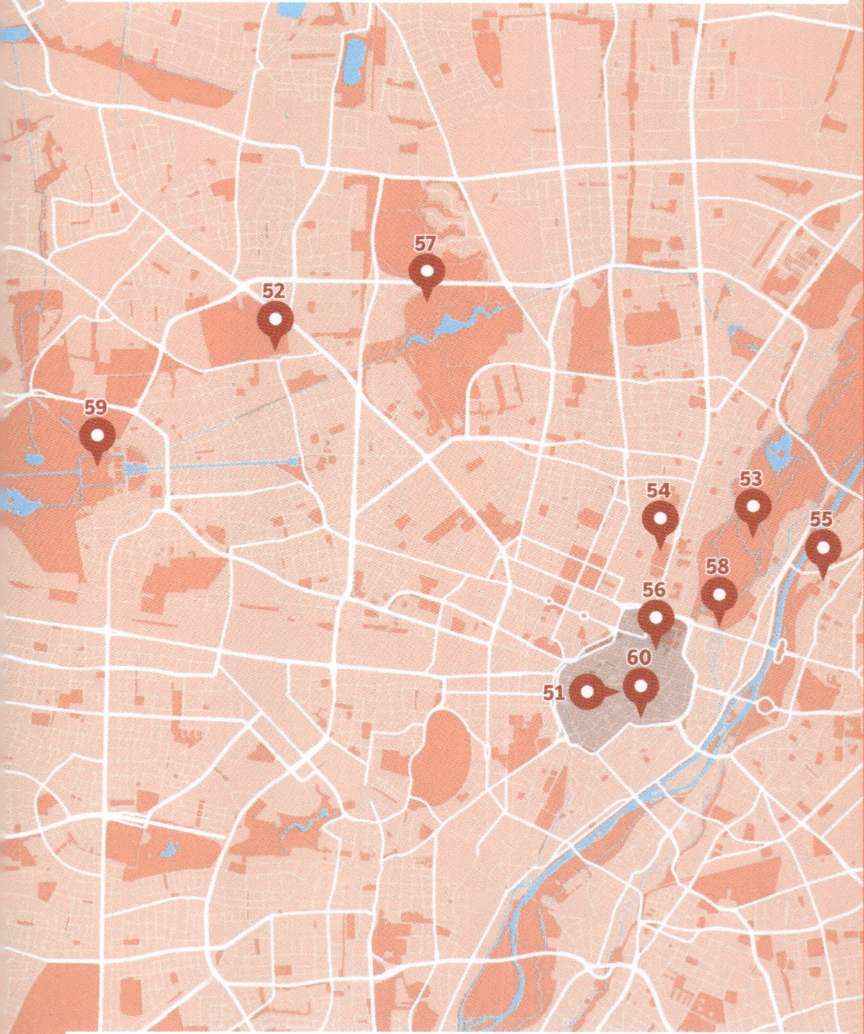

51 MARIENPLATZ/GLOCKENSPIEL Marienplatz / **52** LICHTKUNST IM U-BAHNHOF Westfriedhof / **53** HOLZKARUSSELL AM CHINESISCHEN TURM Englischer Garten 3
54 LMU, FLUGBLÄTTER WEISSE ROSE Geschwister-Scholl-Platz 1
55 BOGENHAUSENER FRIEDHOF Bogenhauser Kirchplatz / **56** MÜNCHNER RESIDENZ Residenzstraße 1 / **57** OLYMPIAPARK Spiridon-Louis-Ring 21 / **58** EISBACH-SURFER Prinzregentenstraße / **59** SCHLOSS NYMPHENBURG UND PORZELLANMANUFAKTUR Schloss Nymphenburg 1 / **60** VIKTUALIENMARKT Viktualienmarkt

„ALTEN PETER" nennen die Münchner liebevoll ihre älteste Pfarrkirche. Tipp: Turm hochsteigen, gesegneter Blick

BARS &
Clubs

Ausgehen und Promi-Watching

SEHEN UND GESEHEN WERDEN. Nirgends trifft das mehr zu als in München. Nightlife ist Highlife – und die Schickeria ausgehfreudig wie nie. Hier sind die Show-off-Reviere der Reichen, Adeligen und Schönen

P1

61 DIE GOLDENE BAR

Das Museale schwappt aus dem Haus der Kunst herüber: Riesige Wandmalereien auf Gold zeigen Landkarten und Szenen aus Europa, der Karibik, von den britischen Inseln. In goldfarbenes Licht tauchen die letzten Sonnenstrahlen des Tages auch die Besucher auf der Terrasse, der vielleicht schönsten Sundowner-Location der Stadt, nur ein paar Meter oberhalb des Englischen Gartens. Das Publikum ist urban und entspannt, kommt zu Geschäftstreffen, nach dem Besuch im Museum, zum Ausklang des Tages – oder wegen der genialen Cocktails, Klassiker mit einem modernen Twist.

Die Goldene Bar / Prinzregentenstraße 1
🕒 Mo–Sa 10–2, So 10–20 Uhr
Preise: ★★★★☆
🔗 www.goldenebar.de

Ein Sonnenuntergang wie in einem Gemälde erlebt man auf der Terrasse der GOLDENEN BAR

PLATZ AN DER *SONNE*

62 KUPFER *BAR*

Hier wird gern „angebandelt“: der Tresen in der KOPPER-BAR

KOPPER

Etwas versteckt liegt die kleine Bar in einem Prachtbau in der Theresienstraße. Innen schlürft man raffinierte Cocktails mit Buttermilchschaum, Piment, Avocado-Honig oder Thymian am sechs Meter langen Kupfertresen, der immer auf Hochglanz poliert ist, oder auch an Tischen an der Wand entlang, genießt Tapas, kleinere Gerichte und den minimalistischen Industriecharme unter Lampen und Rohren. Wen man trifft: designte Mittzwanziger bis Endvierziger.

Kopper / 🕒 Mo–Do 18–1, Fr 18–3, Sa 18–3 Uhr / Preise: ★★★☆☆ / Theresienstraße 1 / 🔗 www.kopper-bar.de

63 JAMES T. HUNT

EINFACH *HEIMELIG*

Ganz im Stil des exzentrischen Rennfahrers James Simon Wallis Hunt ist die nach ihm benannte Bar: alte Holzpaneele an der Wand, Chesterfield-Sofa, schummrige Beleuchtung unter verschnörkelten Decken. Entsprechend wohl fühlt sich der Mix an Gästen an, vom angepassten Anzugträger bis zum Studenten, der hier auf ein Helles oder einen der vielen Cocktails vorbeischaut. Ein perfekter Ort, um hinter großen Schaufensterfronten den Tag ausklingen zu lassen oder in die Nacht zu starten.

James T. Hunt / Schellingstraße 32
Mo–So 19–2 Uhr
Preise: ★★★★☆
www.jameshuntbar.com

Lässigkeit am Tresen: Im JAMES T. HUNT plaudert jeder mit jedem

Unbedingt probieren: eine der Gin-Kreationen

BUNTE *PROMI-TIPP:*

„Meine persönliche Lieblingsbar in München ist das **James T. Hunt.** Sie ist zwar klein, aber perfekt, um Leute zu treffen, da immer etwas los ist. Außerdem gibt es dort den besten Gin Basil Smash!"

ANTONIA VON HOHENZOLLERN
PRINZESSIN

BOB BEAMAN

Bob Beaman
Gabelsbergerstraße 4, Ecke Amalienstraße
Fr, Sa ab 23 Uhr / Preise: ★★★★☆
www.bobbeamanclub.com

SOUND *STARK*

64

München leuchtet: im BOB BEAMAN beim Tanzen und Trinken

Place to be mit dem Longdrink der City: Munich Mule, nur echt mit The Duke, dem Gin aus München. Der Club ist vor allem berühmt für das beste Sound-Erlebnis der Stadt, was man auch spürt, wenn man im dunklen Seekieferholz zu House, Techno und Hip-Hop tanzt und die beeindruckende Decke über einem in den unterschiedlichsten Farben aufleuchtet. Auch an der Bar hat man viel Spaß (ja, man kann sich hier auch gut unterhalten). Selbst wenn man schon 30+ ist.

Ab geht's mit Münchens bestem Sound

FREEBIRD

freebird / Nordendstraße 12
Mo–Sa 18–1 Uhr / Preise: ★★★☆☆
www.freebird-munich.com

Im Kamin flackert ein Feuer, das Licht ist schummrig, die Drinks sind eigens kreiert und werden aufwendig gemixt. Wie im gemütlichen Wohnzimmer fühlt man sich im Freebird, das genauso heißt wie ein Song der amerikanischen Rockband Lynyrd Skynyrd. Die Jeunesse dorée der Stadt verabredet sich gern in der kleinen Bar, wo die Flower-Power-Tapete, die Sessel und die Barhocker so vintage sind wie ihre Eltern und aus den Boxen mal zeitgenössische Rockmusik tönt, mal klassische.

FLOWER *POWER*

65

Wohnlich und gemütlich: ein Abend im FREEBIRD

66 KULT HOCH VIER

Klassiker zum Lunchen, Dinieren und Legendäre-Cocktails-Genießen: die SCHUMANN'S BAR

SCHUMANN'S

Das Wohnzimmer der Promis nennt man zu Recht die legendärste Bar Münchens, wo die Fußballer vom FC Bayern (und demzufolge auch eine Menge Models) abhängen. Inzwischen hat es Charles Schumann auf vier Bars gebracht: Schumann's Bar und das Camparino am Hofgarten, Schumann's Tagesbar in den Fünf Höfen und Schumann's Les Fleurs du Mal, „eine Cocktailbar, wie ich sie mir immer gewünscht habe" (Charles Schumann) – im ersten Stock der Schumann's Bar am Hofgarten. So viel Schumann in München finden Einheimische wie Gäste einfach großartig, denn alle lieben den wohl berühmtesten Barkeeper Deutschlands für seine Mixkunst und sein Gespür für Locations.

Schumann's / 4 x in München, Odeonsplatz 6–7 und Maffeistraße 6
Ab 8 und bis 3 Uhr Preise: ★★★★☆
www.schumanns.de

Charles Schumann: Keiner mixt wie er

Lieblingsbeschäftigung: erst shoppen in den Fünf Höfen, dann in die SCHUMANN'S TAGESBAR

Kleine Schwester: das CAMPARINO für den gepflegten Small Talk

Ein Highlight nach dem Museumsbesuch, vor dem Sprung ins Nachtleben im P1 oder einfach jederzeit: die GOLDENE BAR im Haus der Kunst. Die wenigsten wissen, dass sie im Jahr 1937 als Gastro-Großprojekt an den Start ging, danach erst als Casino, dann als Büro des Museumsdirektors diente und erst 1985 als Bar wiederentdeckt wurde

UNSER STAR

DIE GOLDENE BAR

089 BAR

089 Bar / Maximiliansplatz 5
Di–Sa 21–7 Uhr / Preise: ★★★★★
www.089-bar.de

67 VOLL DAS *LEBEN*

Die 089 Bar ist ein waschechter Club, immer voll bis in die frühen Morgenstunden, verrucht rot leuchtend, für alle Altersklassen und mit Musik von Klassikern über Charts und Rock bis hin zu Hip-Hop und Electro. Fast täglich gibt es ein Special: den lässigen Musik-Bingo-Mittwoch zum Beispiel oder die After-Work-Party am Donnerstag, wo man schon um 21 Uhr nicht mehr allein ist. Beim Tanzen wird es eng. Dafür ist die Wohnzimmeratmosphäre richtig nett und kommunikativ.

Bis morgens um 7: Party, DJs, Tanzfläche in der 089 BAR

STAATS-BAR

68 KUNST UND *COCKTAILS*

Bar trifft auf Kunst. Darum geht es in den ehemaligen Räumen der Staatsbank in der Münchner Innenstadt. Neben Malerei und Skulpturen gibt es immer wieder Kunstdarbietungen wie Ballett oder Modern Dance zu sehen. Während man über seinem Gin Tonic in dieser Pop-up-Location sitzt, soll man so die Berührungsängste zur Kunst abbauen. Nebenbei ist die Staatsbar aber auch optisch ein Hingucker, und an lauen Abenden lohnt sich vor allem ein Abstecher auf die Terrasse, um sich den letzten Drink des Tages zu genehmigen.

Staatsbar / Prannerstraße 2
Do–Sa 21–3 Uhr / S
Preise: ★★★★★
www.facebook.com/staatsbar/

Die STAATSBAR ist für diesen Sommer der Geheimtipp für einen lässigen Abend

Kurztrip nach Italien: nirgendwo besser als in der BAR CENTRALE

69

AMORE *MIO*

BAR CENTRALE

Typisch München: mit einem Spritz in den Abend starten

In der Bar Centrale spürt man mit allen Sinnen, dass München die nördlichste Stadt Italiens ist. Der Schriftzug über dem Eingang, die holzvertäfelten Wände, die Tramezzini, die Espressomaschine, der beste Cappuccino der Stadt, die dampfende Pasta, die Lounge im hinteren Bereich, die Lautstärke, die hier einfach so sein muss – das könnte auch in Rom, Florenz oder Siena sein. Wir lieben die Bar Centrale für ihr Dolce-Vita-Italo-Flair, das eine bunte Mischung an Gästen anzieht.

Bar Centrale / Ledererstraße 23
Mo–Sa 7.30–1, So 9–0 Uhr
Preise: ★★★★★ / www.bar-centrale.com

IM SCHATTEN-*REICH*

70

CRUX

Dunkles Geheimnis: Im CRUX sieht man auch mit 60 aus wie 30

Einer der wenigen Clubs in der Nähe vom Marienplatz. Klein und einzigartig. Immer gut gefüllt. Ziemlich dunkel. Pechschwarze Wände. Gewölbe. Wechselnde DJs legen Hip-Hop, Electro, Disco und Rockmusik auf. Jeden „Mixwoch" wird die Musik aus unterschiedlichen Genres vermischt und sorgt entsprechend für große Abwechslung. Gefährlich und lecker: der Wodka mit Karamell. Wer tanzt: jeder, der Lust drauf hat. Auch wenn er schon 60 ist.

Crux / Ledererstraße 3 / Mi–Sa 23–5 Uhr / Preise: ★★★★★ / www.crux.me

GEBURTSORT *DER SCHICKERIA*

Man fährt SUVs und Cabrio, am liebsten aber BMW, die Frauen tragen große Sonnenbrillen, echten Pelz und falsche Nägel, zur Begrüßung gibt's Bussi-Bussi und zum Abschied ein „Tschaaauu" … so weit die Klischees über die Münchner Society, die aus vielen „Vons" und noch mehr „Adabeis" besteht. Die Leichtigkeit des Seins der Münchner Schickeria, Verzeihung Society, wurde von Kultregisseur Helmut Dietl unnachahmlich inszeniert und in Kultserien wie „Monaco Franze", „Kir Royal" und den Film „Rossini" verpackt. Real existierenden Klatschreportern, Autoren, Produzenten und Lokalen ein augenzwinkerndes Denkmal gesetzt. Münchens Subkultur der 1960er-Jahre in einer unvergesslichen Filmkomödie verewigt: „Zur Sache, Schätzchen" mit Schauspielerin Uschi Glas.

Die heutigen Schätzchen heißen „It-Girls". Und die Nobel-Boazn von damals: „Szene-Spots" oder „Fine-Dining-Bars". Bussi-Bussi machen die Münchner immer noch gern. In angesagten Locations von Michael Käfer, Michi Kern und Co., den Machern der Stadt. Nicht zu vergessen in der Bar Paisano von Elyas M'Barek in der Altstadt. Die Szene trifft sich im Hearthouse, dem ersten Private-Member-, Kulinarik- und Social-Club der Stadt. Oder im ehemaligen Strip-Lokal Madam Bar. In der Flushing Meadows Bar, in der Bar Gabanyi, in der Burger & Lobster Bank … und bringt München zum Leuchten.

Keiner kann so treuherzig schauen wie er: Helmut Fischer als MONACO FRANZE

BARS & *Clubs*

61 DIE GOLDENE BAR Prinzregentenstraße 1 / **62** KOPPER Theresienstraße 1 / **63** JAMES T. HUNT Schellingstraße 32 / **64** BOB BEAMAN Gabelsbergerstraße 4, Ecke Amalienstraße **65** FREEBIRD Nordendstraße 12 / **66** SCHUMANN'S 4 x in München, Odeonsplatz 6–7 und Maffeistraße 6 / **67** 089 BAR Maximiliansplatz 5 / **68** STAATSBAR Prannerstraße 2 **69** BAR CENTRALE Ledererstraße 23 / **70** CRUX Ledererstraße 3

EINFACH GUT *essen*

Unsere Lieblings-Restaurants

MÜNCHEN ISST VIELFÄLTIG, anspruchsvoll, traditionell, wild, klasse. Vom Gourmet- und Sternerestaurant übers winzige Spezialitätenlokal bis hin zum bodenständigen Wirtshaus tummeln sich in der Stadt an der Isar alle Küchen der Welt. Mal authentisch, mal modern interpretiert. „An Guadn“, wie der Münchner so sagt, in unseren Top Ten

AUTHENTISCH *BAYERISCH*

Eine griabige Brotzeit ist manchmal der Weg zum bayerischen Glück

71 KAISERGARTEN

Ordentlich Holz in der Hütte gibt es in dieser bayerischen Brasserie: Die Tischplatten sind alt und schön speckig, selbst in den Regalen finden sich kleine Stämme. Aus der Küche kommen rustikal-moderne Gerichte wie Ripperl vom Bio-Schwein, Saiblingstatar, mariniertes Wammerl oder hausgemachter Kaiserschmarrn. Beachtliche Weinkarte! Zur Oase mitten in Schwabing wird der 100-jährige Garten an lauen Sommerabenden, wenn man sich unter den Kastanien ein Brotzeitbrettl samt Radler-Maß teilt. Romantik auf bayerische Art ...

Kaisergarten / Kaiserstraße 34 Täglich 10–1 Uhr / Preise: ★★★☆☆ / www.kaisergarten.com

LÄSSIG *FRANZÖSISCH*

Bon appétit: Muscheln im CHEZ FRITZ

72 CHEZ FRITZ

Das liebt der frankophile Münchner: gehobene französische Küche ohne viel Schnickschnack. Stattdessen: einfache Holzstühle, rot-weiße Tischdecken, eine holzvertäfelte Bar, Kronleuchter, viel Trödel, Antiquitäten. Im nostalgischen 30er-Jahre-Flair schlürft man Chez Fritz die Austern von der Etagere wie in einer Pariser Brasserie und genießt Klassiker wie Salade Niçoise, Bouillabaisse, Moules frites und Lammcarré in charmantem und rustikalem Ambiente.

Chez Fritz / Preysingstraße 20
Di–So 17.30–1 Uhr
Preise: ★★★★☆
www.chezfritz.de

BRENNER GRILL

Inszenierung ist Trumpf. So läuft man im Brenner wie auf einem Laufsteg durch den denkmalgeschützten, ehemaligen Hof-Pferdestall mit den Marmorsäulen, schielt unauffällig nach links und rechts, um vielleicht ein prominentes Gesicht zu entdecken. In den offenen Küchen brutzelt Loup de Mer auf dem Holzkohlengrill oder wird hausgemachten Pasta geschwenkt. Es ist immer viel geboten im gigantisch großen Restaurant. Am Sonntag geben die Familien den Ton an, denn da ist üppig brunchen mit kostenloser Kinderbetreuung angesagt.

73

PROMI *BÜHNE*

Schön und vielfältig: Im BRENNER GRILL wird offen gekocht und geflirtet

Brenner Grill **/** Maximilianstraße 15
Mo–Do 8.30–1, Fr, Sa 8.30–2,
So 9.30–1 Uhr / Preise: ★★★★☆
www.brennergrill.de

TAPAS *SATT*

74

Häppchen aus aller Welt: nirgends so kreativ wie im FERDINGS

FERDINGS

Ferdings **/** Klenzestraße 43
Di–Do 18–1, Fr, Sa 18–3 Uhr
Preise: ★★★☆☆
www.ferdings.de

An der Garderobe hängen Bademäntel. Haben wir uns in der Tür geirrt? Keineswegs. Die Mäntel sind für eventuell frierende Raucher. Eine fürsorgliche Geste. Auch sonst ist das Ferdings ein Ort zum Wohlfühlen. Das Tapas-Konzept ist perfekt für alle, die sich schwer entscheiden können: Man bestellt sich einfach so viele kreative, kleine Häppchen aus aller Welt oder Mini-Hauptgerichte, bis man satt ist. Die Getränke sind harmonisch darauf abgestimmt, die Räumlichkeiten im Industrieschick einfach schön.

Pasta, passt! Italienische Gerichte mit Charme im Leopardi

75

LEOPARDI

NEU IN DER *NACHBARSCHAFT*

Den Grundkurs Italienisch gibt es gratis dazu: Das Team um Sebastiano di Maggio serviert mit so viel Leidenschaft und italienischem Charme Antipasti, Trüffelnudeln oder Risotto ai Funghi, dass man sich wie in Sizilien fühlt. Die Tageskarte ist klein, das Lokal auch, die Portionen reichlich. Tagsüber schauen die Nachbarn des Viertels auf einen Espresso oder Prosecco vorbei. So günstig – nämlich nur mit einem Trambahn-Ticket – kommt man sonst nicht nach Bella Italia.

Leopardi / Westendstraße 33
Täglich 11–23 Uhr
Preise: ★★☆☆☆
leopardi.bar

EXKLUSIVER *KLASSIKER*

Fine Dining im Bogenhauser Hof

76

BOGENHAUSER HOF

Ideenreiche Spitzenküche in einer Villa aus dem 19. Jahrhundert. Die Zeit ist hier aber keineswegs stehen geblieben. Was den Besitzern an Schnörkeligem zu viel war, wurde mit viel Liebe zum Detail durch moderne Akzente ersetzt. So kann man sich auch ganz der Kunst auf dem Teller widmen. Saisonale, regionale, mediterrane oder internationale Kreationen genießen – und die edelsten Tropfen dazu: Der Weinkeller gehört zu den bestsortierten in ganz München. Lieblingsrestaurant der Upper Class vom rechten Isar-Ufer.

Bogenhauser Hof
Ismaninger Straße 85
Mo–Sa 12–16 und 18–1 Uhr,
Preise: ★★★★★
www.bogenhauser-hof.de

77

Darauf hat der Münchner gewartet: Fisch und Seafood an der Bar

DALLMAYR BAR & GRILL

CONTEMPORARY *CUISINE*

Seit dem Jahr 1700 ist Dallmayr in München fest verwurzelt. Heute tanzt der einstige Hoflieferant auf vielen Hochzeiten: weltberühmter Kaffee, Delikatessen, Party- und Cateringservice, Café-Bistro, Sterne-Restaurant. Der neueste Coup: Dallmayr Bar & Grill. Hier treffen sich Liebhaber von Fisch & Seafood, nippen an edlen Tropfen und beobachten dabei, wie Küchenchef Marco Kaluscha und sein Team Hummer, Jakobsmuscheln, Kabeljau & Co., inspiriert von kulinarisch spannenden Metropolen, zubereiten.

Dallmayr Bar & Grill / Dienerstraße 14–15
Mo–Do 8–23, Fr 8–24, Sa 9.30–24 Uhr
Preise: ★★★★☆ / www.dallmayr.com

BUNTE *PROMI-TIPP:*

„**Trattoria Donna Maria** in der Marktstraße 2 – die beste Pasta der Stadt und alles sehr persönlich. Man reserviert und bestellt direkt bei Donna Maria, bespricht mit ihr, was man essen möchte. Dolce Vita wie in Italien und das mitten in München."

VERONICA FERRES
SCHAUSPIELERIN

UNSER STAR
FEINKOST
KÄFER

Treffpunkt Nummer 1 in München seit vielen Jahrzehnten: FEINKOST KÄFER in der Prinzregentenstraße in Bogenhausen. Die Käfer-Schänke im Obergeschoss ist ein einzigartiges Gourmet-Restaurant, der Käfer-Feinkostladen ein 1400 qm großes Paradies unterschiedlichster Feinkostprodukte

Nicht günstig, aber genial: FEINKOST KÄFER in Bogenhausen

KÄFER 78

Hier stehen sogar Prinzessinnen Schlange: Frischetheke bei KÄFER

Jeder in München kennt Käfer. Feinkost Käfer, Käfer-Schänke, Brasserie, Bistro, Deli, Partyservice, Michael Käfer, den Chef des Familienimperiums. Käfer ist ein Münchner Phänomen. Dabei fing alles ganz klein an, mit einem Kolonialwarengeschäft in Schwabing, das Michael Käfers Großeltern im Jahr 1930 mit „Qualität aus Leidenschaft" eröffneten. Heute ist Käfer schon bis nach Shanghai gekrabbelt.

Feinkost Käfer **/** Prinzregentenstraße 73
Diverse Spots in München / Restaurant
Mo–Sa 11.30–23 Uhr / Preise: ★★★★★
www.feinkost-kaefer.de

GOURMET *TREFF*

PUR *JAPANISCH*

79

Essen, trinken und sich wie in Japan fühlen: einmalig im USAGI

USAGI

Ein Stück Japan im Glockenbachviertel. Hier treffen sich entspannte Menschen, die auf fröhlichen Kitsch, Manga-verzierte Speisekarten, kleine Holztische, japanische Spezialitäten wie Matcha Gin Fizz, japanisches Bier, japanischen Wein, Sake, Lachs-Tataki und Edamame stehen und Food-Sharing toll finden: alles in die Mitte, und jeder greift zu. Aus der „Isakaya", so nennt man in Japan kleine Sake-Läden zum Sitzen, geht man garantiert mit einem Lächeln wieder hinaus.

Usagi / Thalkirchner Straße 16 🕒 Mo–Do 17.30–0 Uhr, Fr / Sa 17.30–1.30, So 17.30–22.30 Uhr / Preise: ★★★★★ / 🔗 www.usagi.bar

WAHRES *ITALIEN*

OSTERIA ITALIANA

80

Geliebter Klassiker: die OSTERIA ITALIANA mit ihrer gehobenen Küche

Hier isst man besser als in Italien. Behaupten die Stammgäste, darunter viele Prominente. Der Eckitaliener in Schwabing wirkt von außen erst einmal ganz normal, überrascht innen mit einer gemütlichen Stube im altbayerischen Stil und einer gehobenen Küche, authentisch italienisch mit einer kräftigen Portion Tradition. Bier gibt es nicht. Gab es noch nie. Dafür beste Weine. Seit 1890, als die Osteria hier als erstes italienisches Lokal Deutschlands eröffnete.

Osteria Italiana / Schellingstraße 62
🕒 Mo–Sa 12–14.30, 18.30–23 Uhr
Preise: ★★★★★
🔗 www.osteria.de

MICHAEL KÄFER – *DER GASTWIRT* DER SOCIETY

Unter vier Augen mit Münchens Event-Guru, Feinkost-Papst, Hotel-Chef in spe, Promi-Gastronom, Ehemann, Vater und großem Fan der Stadt:

Was zeigen Sie in München privaten Gästen? Auf alle Fälle das Haus der Kunst – allein wegen der wechselnden unterschiedlichen Ausstellungen. Anschließend: die Surfer auf der Eisbachwelle und das Café Fräulein Grüneis, das liebevoll restaurierte ehemalige Toilettenhäuschen, ein paar Meter weiter.

Was lieben Sie in München besonders? Die Klassiker, die Tradition und Moderne vereinen: Viktualienmarkt, BMW Welt, Allianz Arena, Hofgarten. Das unheimlich hohe Niveau in puncto Lebensstandard und -qualität. Und die spannende Mischung aus Flair und Fashion, Lifestyle und Lebenslust mit Karrierewillen, ehrgeizigen Businessplänen und dynamischer Vorwärtsentwicklung.

Wo in München schöpfen Sie Kraft für Ihre Projekte? In den Isarauen und am Isarhochufer zwischen Max-Joseph-Brücke und der Praterinsel. Am liebsten jogge ich dort abends mit meiner Frau Clarissa, wenn die Kinder im Bett sind.

Wo gehen Sie privat am liebsten zum Essen (jenseits der Käfer-Spots)? Wenn wir Lust auf asiatische Küche haben: in Zoe's Restaurant, das die gesamte Westküste des Pazifik abbildet und dabei sehr modern gestaltet ist. Unser Lieblingsitaliener ist die Osteria in der Schellingstraße – gute italienische Küche und ein schönes Ambiente.

Ein Special-Tipp für einen Ausflug im Sommer? Im Süden der Stadt gibt es tolle Sommerrodelbahnen: am Oedberg in Gmund oder am Brauneck in Lenggries. Ein Riesenspaß für Kinder – und das lässt sich prima mit einer Familienwanderung verbinden.

Fünf Worte, die München am treffendsten beschreiben? Liebenswert, überraschend, einzigartig, emotional und hochwertig. Unsere fünf Käfer-Werte.

Münchens Top-Gastronom Michael Käfer

EINFACH GUT *essen*

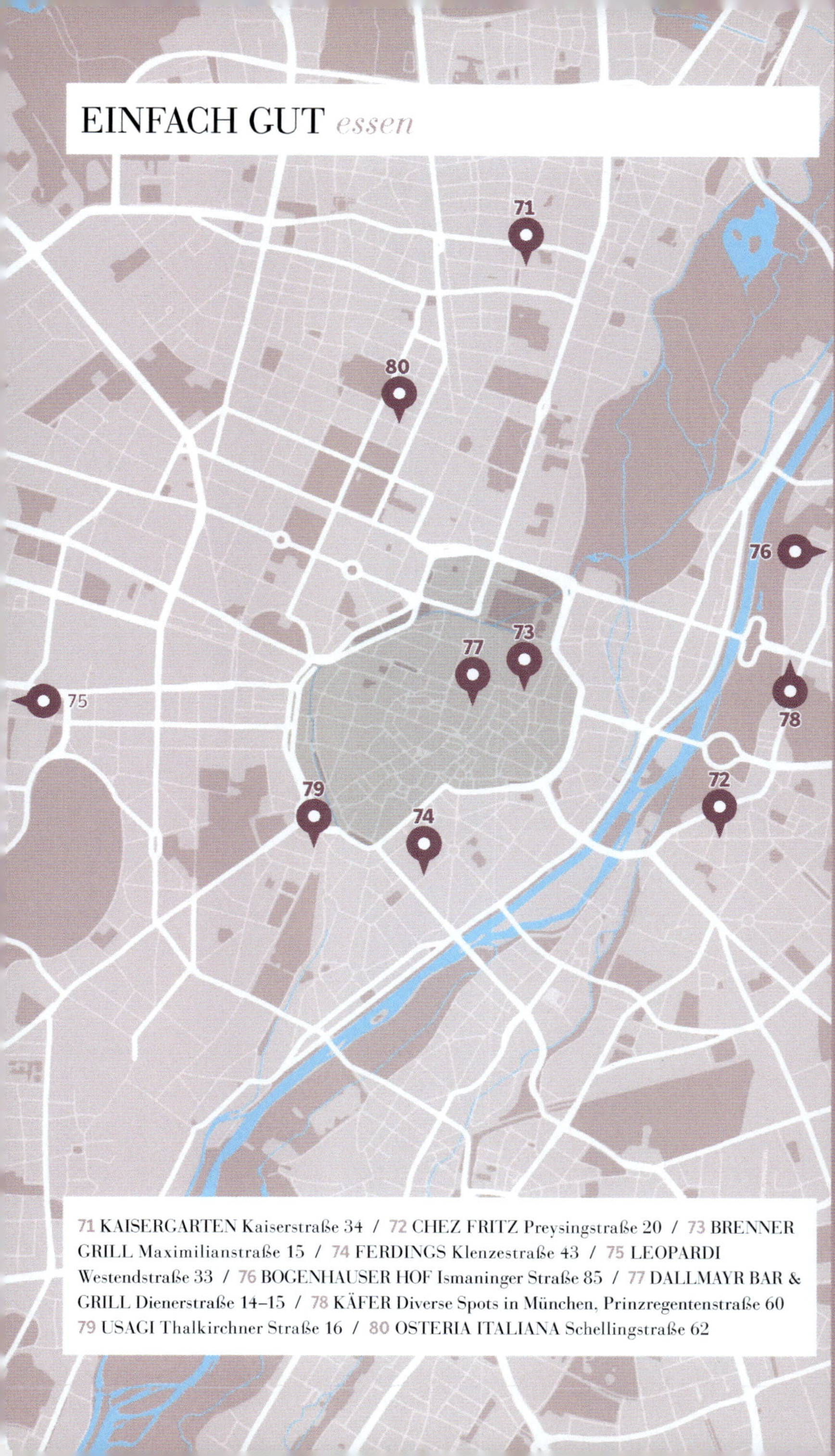

71 KAISERGARTEN Kaiserstraße 34 / 72 CHEZ FRITZ Preysingstraße 20 / 73 BRENNER GRILL Maximilianstraße 15 / 74 FERDINGS Klenzestraße 43 / 75 LEOPARDI Westendstraße 33 / 76 BOGENHAUSER HOF Ismaninger Straße 85 / 77 DALLMAYR BAR & GRILL Dienerstraße 14–15 / 78 KÄFER Diverse Spots in München, Prinzregentenstraße 60 / 79 USAGI Thalkirchner Straße 16 / 80 OSTERIA ITALIANA Schellingstraße 62

KÖNIG LUDWIG

& Co.

Ausflüge ins Münchner Umland

RAUS AUS DER STADT. Könige, Künstler und die Natur haben Bayern mit außergewöhnlichen Highlights beglückt: mit Märchenschlössern, dem höchsten Berg Deutschlands und dem ältesten noch existierenden Bergwerk der Nation. Mit g asklaren Gletscherseen, weltweit berühmten Künstlergruppen, Kunstwerken und Naturwundern. Zehn finden wir besonders schön

Prunk und Protz waren dem Kini nicht fern. Seine Schlösser gestaltete er üppig und märchenhaft aus

81

WIE IM *MÄRCHEN*

DIE SCHLÖSSER VON KÖNIG LUDWIG II.

Ein bisschen traurig sind wir manchmal ja schon, dass Bayern kein Königreich mehr ist und wir keiner Kate oder Rania zujubeln können. Zum Trost fahren wir mit unseren Gästen gern zu den Schlössern, die uns König Ludwig hat bauen lassen: zum märchenhaften Schloss Neuschwanstein, zum Schloss Herrenchiemsee, zu Ludwigs Lieblingsschloss Linderhof, ins Königshaus auf dem Schachen bei Garmisch-Partenkirchen. Und nach Schloss Hohenschwangau, wo Ludwig aufgewachsen ist und gern den Sommer verbrachte.

Königsschlösser Ludwigs II.

www.bayern.by/koenigschloesser

Vollendet: SCHLOSS LINDERHOF bei Garmisch

Schloss mit Weitblick: König Ludwig II. liebte die Einsamkeit

SCHLOSS HERREN-CHIEMSEE liegt königlich auf einer Insel

KÖNIGSSEE

Ein Ausflug ins Bilderbuch-Bayern. Im Berchtesgadener Land liegt unser Vorzeigesee, der Königssee. Hier ist alles einzigartig: die Fahrt im Elektroboot über das glasklare, bis zu 190 Meter tiefe Wasser, das Gänsehautgefühl, wenn der Bootsmann gegen die berühmte Echowand in die Trompete bläst, die Wallfahrtskirche St. Bartholomä mit den roten Zwiebeltürmen auf der kleinen Halbinsel, eine Adrenalinfahrt im Rennbob – selbst das Eintauchen ins Wasser ist ein Erlebnis, der Königssee bleibt nämlich auch im Sommer relativ kühl.

Königssee
www.bayern.by/koenigssee

82

WIE *GEMALT*

Bayern vom Feinsten: der glasklare KÖNIGSSEE

83

Staufrei Richtung Berge: Mit der Bayerischen Oberlandbahn – kurz BOB genannt – düsen Sie rasch an den Tegernsee

SONNIGES *GIPFELGLÜCK*

MIT DER BOB ZUM TEGERNSEE

Wanderschuhe schnüren und los. Das Auto bleibt heute mal in der Garage, denn mit der BOB geht's staufrei, bequem, günstig, schnell und umweltfreundlich zum Tegernsee. Außerdem wollen wir später im Herzoglichen Bräustüberl Tegernsee einkehren und zur Schweinshaxe ausgiebig Bier und Schnaps trinken. Vorher wandern wir rauf zur Brecherspitze. Die Kraxelei auf 1683 Meter lohnt sich und die paar Schweißperlen tupfen wir uns cool ab: Tegern-, Spitzing- und Schliersee liegen einem zu Füßen, bis nach Tirol reicht der Blick. Beim Abstieg gönnen wir uns auf der Alm ein Glas Buttermilch – weil's ja schee macht.

Tegernsee
www.tegernsee.com

84 INS *BLAUE LAND*

MURNAU

Die logische Konsequenz eines Museumsbesuchs im Münchner Lenbachhaus ist ein Ausflug nach Murnau an den Staffelsee, Zentrum des Blauen Landes, Symbiose aus Natur, Kunst und Kultur. Was man hier machen sollte? Im Münter-Haus von Gabriele Münter und Wassily Kandinsky bemalte Möbel, Grafiken und Hinterglasbilder bestaunen, durch die malerischen Winkel und Gässchen des Künstlerstädtchens bummeln, die „Blaue Reiter“-Abteilung im Schlossmuseum besuchen, den unvergleichlichen Blick in die Alpen genießen.

Der Blaue Reiter Murnau
www.bayern.by/reisen/murnau

Rund um Murnau lockt das BLAUE LAND mit Natur und Museen

86 GLÜCK AUF *UNTER TAGE*

Harte Arbeit: im Stollen tief im Berg

ZUGSPITZE

Zugspitze
www.bayern.by/die-zugspitze

„Fast 3000 Meter“ sagen wir, wenn wir über den höchsten Berg der Nation sprechen: unsere Zugspitze. Genau gemessen ist sie 2962 Meter hoch. Und seit die neue Seilbahn geöffnet ist, hält die verglaste Kabinenbahn drei Weltrekorde, unter anderem für das längste frei schwebende Seil mit über 3200 Metern Länge. Den Panoramablick in alle Richtungen bekommen Sie vom Alpspix. Bei der x-förmigen Aussichtsplattform ist sogar der Boden aus Glas – und manch einem rauscht das Adrenalin bei dem Ausblick durch die Ohren ...

85

TOP OF *GERMANY*

Vom Alpspix an der ZUGSPITZE ist die Aussicht spektakulär

Spektakulär: die Lasershow im SALZBERGWERK BERCHTESGADEN

SALZBERGWERK BERCHTESGADEN

Die Reise zum Salz ins älteste noch aktive Bergwerk Deutschlands ist ein wirklich faszinierendes Erlebnis für Jung und Alt. 650 Meter tief geht es mit der Grubenbahn unter Tage. Über die Bergmannsrutsche und zu Fuß dann weiter zur märchenhaften Salzgrotte, die für König Ludwig II. errichtet wurde, Kristalle, Pumpen, riesige Maschinen, ein magischer Salzraum und eine spektakuläre Lasershow am unterirdischen „Spiegelsee“ faszinieren wirklich jeden.

Salzbergwerk Berchtesgaden
www.salzbergwerk.de

Nein, das ist keine Collage. Es sieht wirklich so aus: das **SCHLOSS NEUSCHWANSTEIN** bei Füssen, das König Ludwig II. in den Jahren 1869–1884 errichten ließ. Rund 1,4 Millionen Menschen aus aller Welt zieht das Märchenschloss jährlich an. Nur wenige Zimmer sind vollendet. Aber mehr Schönheit würde man auch kaum ertragen

UNSER STAR

SCHLOSS NEUSCHWANSTEIN

87

Anbandeln am Biertisch: Am Tegernsee gehören die Waldfeste zur Tradition und zur Kultur

WALDFESTE

FEIERN *UND FLIRTEN*

Rund um den Tegernsee ist im Sommer so richtig was los. Dann brezeln sich die feschen Madln und die kernigen Buam auf – und auf geht's zu einem der vielen Waldfeste, die Burschenschaften, Trachtenvereine, Ski- oder Sportclubs organisieren. Unter freiem Himmel geht es nur zu früher Stunde griabig – das heißt gemütlich – zu. Später wird es wild, man trinkt, tanzt, flirtet auf dem Holzboden, was das Herz hergibt. Bayern-Neulinge und Zugereiste bekommen den perfekten Einblick in diese Volksfesttradition am Wallberg in Kreuth oder beim Fest in Rottach-Egern.

Waldfeste am Tegernsee
www.waldfeste.de

88

KUNST *AM SEE*

Kunst am See: erst ins BUCHHEIM MUSEUM, dann in die Natur

BUCHHEIM MUSEUM

Lothar-Günther Buchheims Museum der Phantasie direkt am Starnberger See ist ein Gesamtkunstwerk und immer toll. Da sind die eigenen Werke des 2007 verstorbenen Malers, Fotografen, Verlegers und Autors zu bestaunen sowie Gemälde, Zeichnungen, Aquarelle und Grafiken der Expressionisten Kirchner, Nolde, Dix, Corinth und Co., darüber hinaus Kunsthandwerk aus aller Welt, wechselnde Ausstellungen und Veranstaltungen. Und im Park: verwunschene Teiche, Pagoden und Skulpturen.

Buchheim Museum, Starnberger See
www.buchheimmuseum.de

89 AYINGER PRIVATBRAUEREI

Das Bier gehört in Bayern zur Kultur, seit vielen Jahrhunderten. Allein deshalb ist eine Brauereiführung schon mal interessant. In einem der technisch hochwertigsten Sudhäuser Europas schaut man bei laufendem Betrieb zu, wie aus nur vier Grundzutaten (Wasser, Hopfen, Malz, Hefe) das Ayinger Bier hergestellt wird. Im Biergarten kann man es dann durch die Kehle rinnen lassen, im Brauereiladen kräftig einkaufen – das Bier oder originelle Bieraccessoires als Souvenirs.

Aying, Brauereiführung

Di 11 Uhr, Do 18 Uhr, Sa 10 Uhr, teils auch auf Englisch oder Italienisch; Biergarten Mo–Fr 16–22 Uhr, Sa/So 10–22 Uhr www.ayinger.de

HINTER DEN *KULISSEN*

Fässer und flüssiges Gold: ein Genuss in der AYINGER PRIVATBRAUEREI

90 MARKUS MEINDL

BESUCH BEIM *SÄCKLER*

Salonfähig: Lederhosen & Co. von MARKUS MEINDL

Meindl Lederhosen, Schuhe und mehr

www.meindl-fashions.de

Ja klar: Die Münchner und generell die Bayern tragen gern Lederhosen. Die Laptop-und-Lederhose-Metapher kann allerdings keiner mehr hören. Fakt ist: So ein echtes handgefertigtes Beinkleid ist etwas besonders Feines und voll im Trend. Wer mal hinter die Kulissen blicken will: auf nach Kirchanschöring in den Familienbetrieb von Markus Meindl, wo seit 1683 Lederhosen gefertigt werden. Vom Zuschnitt über die Näharbeit bis zum Finish live dabei sein. Und vielleicht eines der Meisterstücke kaufen.

„Ich liebe die Alpen. Da ich am Starnberger See wohne, genieße ich das Panorama der Berge. Einer meiner Lieblingsorte: **Schloss Neuschwanstein,** erbaut von meinem Ururgroßonkel Ludwig II. und so schön in die Berge eingebettet."

PRINZ LEOPOLD VON BAYERN

BERÜHMTE *NAMENS-VETTERN*

Im Grunde gibt es für den echten Münchner keinen anderen Namen als Maximilian oder Ludwig. Die Maximilians und Ludwigs waren hier Könige – immer abwechselnd übrigens –, haben München stark geprägt, waren Initiatoren vieler Projekte und sind Namensgeber vieler Bauwerke und Institutionen.

Die Wichtigsten

1281–1347: römisch-deutscher Kaiser Ludwig der Bayer, geb. in München

1756–1825: König Maximilian I. Joseph, „König Max“, 1. König des Königreichs Bayern

1786–1868: König Ludwig I., (Urvater von Oktoberfest, Ludwigstraße, Feldherrnhalle, Siegestor, Staatsbibliothek, Königsplatz mit Glyptothek, Propyläen, Antikensammlung, Alter Pinakothek, Ruhmeshalle, Bavaria-Statue)

1811–1864: König Maximilian II. Josef (Maximilianstraße, Maximilianeum, Maxmonument)

1845–1886: König Ludwig II., Märchenkönig (Schloss Neuschwanstein, Schloss Herrenchiemsee, Schloss Linderhof, das Königshaus auf dem Schachen bei Garmisch-Partenkirchen)

1845–1921: Ludwig III. (Enkel von König Ludwig I., letzter König von Bayern, abgesetzt 1918)

1982 geb.: Prinz Ludwig von Bayern (Ururenkel von Ludwig III.) – wäre heute König, wenn es die Monarchie noch gäbe

Maximilian (Platz 1): 520 Jungen
Ludwig (Platz 19): 142 Jungen (Statistik Standesamt 2016)

Institutionen/Namen/Orte:
Ludwigsgymnasium / Max-Gymnasium / Café Ludwig / Ludwig-Maximilians-Universität / Maximilianstraße / Ludwigstraße / Max Dietl

Geheimnisumwitterter Märchenkönig: KÖNIG LUDWIG II. wurde für verrückt erklärt und vielleicht auch ermordet

KÖNIG LUDWIG & *Co.*

81 KÖNIGSSCHLÖSSER LUDWIGS II. / 82 KÖNIGSSEE / 83 TEGERNSEE / 84 MURNAU
85 ZUGSPITZE / 86 SALZBERGWERK BERCHTESGADEN / 87 WALDFESTE
88 BUCHHEIM MUSEUM / 89 AYINGER PRIVATBRAUEREI / 90 MARKUS MEINDL

Was für ein Idyll! Die WELTENBURGER ENGE mit dem DONAUDURCHBRUCH liegt inmitten eines Naturschutzgebiets. Tipp: Auf einer Kanu-Tour erleben Sie Bayerns Pracht hautnah

KCK

SONNEN-SEITEN & *Sommerfrische*

Wo München und Bayern
an heißen Tagen am schönsten sind

WO EIN SONNENSTRAHL, DA EIN MÜNCHNER. Sobald man die dicke Jacke in den Schrank hängen kann, werden die Dächer der Cabrios heruntergefahren, und die Outdoor-Saison ist eröffnet. In Biergärten, im Englischen Garten, am Isar-Strand oder an den Ufern der oberbayerischen Seen. Wir zeigen die schönsten Spots für Sommer in der Stadt – und Ausflugsziele im Umland

KARIBIK-FEELING *IN THE CITY*

91

STADTSTRÄNDE

Wer mehr Meer will, sollte in München einen der drei Stadtstrände aufsuchen. Hier gibt es zwar kein Salzwasser, aber dank einiger Tonnen Sand und dem Rauschen der Isar fühlt man sich fast wie an der Adria. Beliebtestes Burgenbau-Fleckerl ist im Herzen der Stadt der Kulturstrand der Urbanauten am Vater-Rhein-Brunnen. Sitzsäcke und Cocktails, Livemusiker und planschende Kinder ergeben einen bunten Mix. Eine Auszeit finden Erwachsene in der Sandbar im Hofbräukeller am Wiener Platz. Am Eingang dieses Biergartens gibt es Karibik-Feeling im Cocktailglas und aus den Liegestühlen mag man gar nicht mehr aufstehen. Zum Beach-Volleyball geht es direkt an die Ruderregattastrecke – und danach auf einen Sundowner ins Munich Beach Resort.

Livemusik und Sand zwischen den Zehen: Kulturstrand am Vater-Rhein-Brunnen

Kulturstrand / Vater-Rhein-Brunnen
www.kulturstrand.org / ***Sandbar im Hofbräukeller***
Innere Wiener Straße 19 / www.hofbraeukeller.de
Munich Beach Resort / Dachauer Str. 35, Oberschleißheim / www.mbr.bayern.de
Preise: ★★★★★

Karibik-Feeling mitten im Biergarten: Sandbar im Hofbräukeller

92 FRÄULEIN GRÜNEIS

Mit seiner grün-weißen Fassade versteckt sich dieser denkmalgeschützte Kiosk gekonnt am Eisbach, unweit vom Haus der Kunst. Einst ein Klohäusl, haben Sandra und Henning Dürr hier eine kleine Oase geschaffen: Hundebesitzer treffen sich auf Kaffee und Kuchen, Mütter parken die Kinderwagen und füttern den Nachwuchs mit Bio-Suppen, die Eisbachsurfer schauen auf eine „Eizbach Limo“ vorbei, die Anzugträger der nahen Büros auf eine Schorle und eine Wurst mit Kartoffelsalat.

Kiosk Fräulein Grüneis
Lerchenfeldstraße 1a
Mo–Fr 8 Uhr bis kurz nach Dunkelheit
Preise: ★★☆☆☆
www.fraeulein-grueneis.de

Klein und oho: Der Kiosk ist immer gut besucht

VOLL BIO, *DIESER KIOSK*

Sonnenschirm und Sandkuchen – eine gute Kombi im Grüneis

GRILLEN & *CHILLEN*

Den Isarkieseln begegnen die Münchner mit dicken Decken oder Isomatten

93 BRUTZELN & SCHLAUCHBOOTFAHREN

Ihr Gummiboot packen die Münchner gern an der Isar aus, genauer: am Flaucher. So nennt man den (partyintensiven) Flussabschnitt im Stadtteil Sendling. Hier schippern sie eine kleine Runde auf dem Fluss und ziehen – gut verankert am Boot – eine Flasche Weißwein oder ein Tragerl Bier hinter sich her. Zurück am Kiesstrand, wird in den Isarauen gegrillt (ist nördlich des Tierparks erlaubt). Beste Einkehr: Biergarten „Zum Flaucher“.

Flaucher / Isarauen 10 / www.isar-map.de

KLASSIK AM ODEONSPLATZ

94

Münchner und Stars mischen sich vor der Feldherrnhalle

KONZERT *UNTER STERNEN*

Es ist Münchens schönster Konzertsaal: der Odeonsplatz unter dem Nachthimmel. Im Juli wird die Fläche vor der Feldherrnhalle bestuhlt und einmal an einem Freitag, einmal an einem Samstag mit klassischer Musik bespielt. Die Münchner Philharmoniker und das Symphonieorchester des Bayerischen Rundfunks versuchen sich jedes Jahr mit ihren Vorstellungen zu überbieten und trumpfen mit Stargästen wie David Garrett und Diana Damrau auf. Die 16 000 Tickets sind meistens rasch weg, wer keine Karte bekommt: Einfach in eine der umliegenden Bars setzen und lauschen …

Klassik am Odeonsplatz / Odeonsplatz
13. und 14. Juli 2018, 20 Uhr
Preise: ★★★★☆
www.klassik-am-odeonsplatz.de

K1411 BAR

95

Eine Bar in einem uralten Gutshof, ein Flair wie auf Ibiza und eine Party-Legende aus Sankt Moritz an den Turntables – so einen Mix gibt es nur am Tegernsee. In der jüngst von Michael Käfer eröffneten Bar K1411 an den Seeterrassen von Gut Kaltenbrunn gibt DJ Guido Perrey aus dem weltberühmten Schweizer Dracula-Club den Ton an. Er bringt in der Bar mit Traumblick auf Tal und Gmund die Eiswürfel in den Cocktails zum Beben. Wer zum Sundowner auf einen Hauscocktail mit frischen Himbeeren vorbeischaut, bekommt am Wochenende heiße Ohren von den coolen Beats.

K1411 in Gut Kaltenbrunn Gmund
Kaltenbrunn 1, Gmund
Mittwoch bis Samstag ab 18 Uhr
Preise: ★★★★☆
www.feinkost-kaefer.de/k1411

Surfer-Spot am Tegernsee: Tresen und DJ-Pult der K1411 Bar

TANZ ÜBER *DEM TEGERNSEE*

DER SCHÖNSTE *BIERGARTEN*

96

Eine Oase im Norden Münchens: Die Emmeramsmühle liegt inmitten von Wiesen und Wäldern

EMMERAMS-MÜHLE

Kennen Sie das, wenn Sie einen Platz so lieb gewonnen haben, dass Sie ihn eigentlich für sich behalten möchten? So geht es den Münchnern mit der St. Emmeramsmühle. Wir verraten Ihnen natürlich trotzdem, dass dieses Wirtshaus mit Biergarten im Norden des Englischen Gartens ein echtes Juwel ist, eingebettet zwischen Wiesen, Weiden und der Isar. Ob Ente, Ochsenfetzen, Zander oder Apfelkücherl – die bayerischen Schmankerl sind hier „ein Gedicht". Am besten schmeckt das Weißbier übrigens nach einer Radl-Tour quer durch den Englischen Garten. Wer mag, kann sich auch vor Ort einen Picknickkorb schnappen und ganz urig auf der Wiese Brotzeit machen.

St. Emmeramsmühle / St. Emmeram 41
täglich von 11–1 Uhr / Preise: ★★★★★
www.emmeramsmuehle.de

BUNTE *PROMI-TIPP:*

„Mein Geheimtipp im Sommer ist das Wirtshaus **Menterschwaige**. Hier kann man wunderbar am Isarhochufer radeln und sich im Sommer, bei heißen Temperaturen unter den riesigen, alten Kastanienbäumen im Biergarten hausgemachten Millirahmstrudel schmecken lassen."

ALEXANDRA POLZIN
MODERATORIN

Ein Steg, ein Stuhl, ein bisschen Schatten: Auf der FRAUENINSEL mitten im Chiemsee können Sie schnell abschalten. Hier stört nichts die eigenen Gedanken

UNSER STAR FRAUENINSEL

97

BAUCHMUSKELN *TO GO*

Selbst hartes Training macht im Englischen Garten gute Laune

Bitte straffen und ein Sixpack zum Mitnehmen!

OPEN AIR SPORT

Eins, zwei, drei … Drill Instructors sind in München verbreitet. Kein Wunder, möchte doch jeder mit den Schönen der Stadt mithalten. Wenn dann im Englischen Garten trainiert wird, gibt es keine Ausrede mehr. Das Zirkeltraining des Original Bootcamp geht so richtig ans Fett. Danach ist man k. o., aber happy. Gut in den Tag starten Sie mit Pilates-Trainerin Michi von keep in motion PILATES, die Ihr Powerhouse bei der Brücke an der Mandlstraße zum Arbeiten bringt. In der Lederhose dürfen Sie Montagabend beim Japanischen Teehaus im Englischen Garten sporteln.

Original Bootcamp / täglich Kurse nach Vereinbarung / www.original-bootcamp.com
keep in motion PILATES / Kurse nach Vereinbarung / www.pilates-in-muenchen.de
Lederhosen-Training / Montag 19 Uhr / www.lederhosentraining.com

FRAUENINSEL

98

OASE DER *BAYERN*

Zur Fraueninsel im Chiemsee fährt ein Dampfer oder man rudert selbst hinüber

Hier ist die Welt noch in Ordnung – und zwar so richtig: Auf der Fraueninsel im Chiemsee ist Bayern so authentisch und gemütlich wie vor 100 Jahren. Fernab von allem modernen Chichi haben hier noch Kirche, Handwerker und ein bisschen altbayerischer Adel das Sagen. Bunte Blumengärten wuchern vor Landhäusern und rund um das Kloster Frauenwörth; Töpferinnen bieten ihre Ware an. Her kommt man mit dem Schiff oder Kajak. Tipp: unbedingt eine frische Semmel mit Saibling bei den Fischern erstehen.

Frauenchiemsee / Chiemsee
Mai bis Oktober, täglich 11-17 Uhr
Preise: ★★★★★ / www.chiemsee-alpenland.de

Kunsthandwerker und Fischer prägen die Insel bis heute

Cool Pool: Im Mandarin Oriental fehlt es an nichts

99 ÜBER *DEN DÄCHERN*

Klein und fein: die Terrasse des Hotel Louis

Die Asia-Küche im Emiko ist perfekt leicht für den Sommer

ROOFTOP BARS

München liegt Ihnen zu Füßen und die Alpen funkeln am Horizont. Nirgends zeigt sich die Stadt imposanter als von einer der tollen Dachterrassen. Die China Moon Roof Terrace auf dem Mandarin-Oriental-Hotel gibt den Blick auf die Innenstadt frei, vom Dach des Hotel Louis am Viktualienmarkt wirkt die Frauenkirche zum Greifen nahe. Nur Sushi und Asia-Leckereien lenken vom Blick ab. Leger-studentisch und mit Selbstbedienung ist dagegen das Café Vorhoelzer im obersten Stock der Technischen Universität.

China Moon Roof Terrace / Neuturmstraße 1 / Mai bis September 14–22 Uhr
Preise: ★★★★☆ / www.mandarinoriental.de
Emiko im Hotel Louis / Viktualienmarkt 6 / bei gutem Wetter täglich 12–22 Uhr
Preise: ★★★★☆ / www.louis-hotel.com
Dachcafé Vorhoelzer / Arcisstraße 21 / Mai bis August täglich 9–21 Uhr
Preise: ★★☆☆☆ / www.ar.tum.de/vf/cafe

100 SONNE *SATT*

BEACH BAR ST. HEINRICH

Mal kurz eine Sandburg bauen, mal kurz im See abkühlen … Die Beachbar Strand am Starnberger See samt Kiosk und Bootsanleger ist das optimale Ausflugsziel an einem heißen Sommertag. Das Ufer fällt sanft ab, sodass auch Kids ohne Probleme baden können, während die Eltern bei einer Portion Pommes, Garnelen oder Thai Curry entspannen. Wer mag, bringt sein SUP mit und cruist von hier aus direkt am Ufer entlang. Wenig Wellen machen es möglich.

STRAND Bar & Kitchen / Buchscharnstraße 10, Münsing / Mai bis Oktober, Sa/So ab 10.30 Uhr
Preise: ★★★☆☆ / www.strandbar-stheinrich.de

Rustikaler Hot-Spot: die Beachbar am Starnberger See

DIE NACKERTEN IM ENGLISCHEN GARTEN

Sie sind legendär, sorgten für etliche Skandale und sogar bundesweite Schlagzeilen – und immer noch ziehen Spähtrupps internationaler Touristenströme los, um den ein oder anderen „Nackerten“ (bayerisch für: der Nackte, der Unbekleidete) in freier Wildbahn, sprich im Englischen Garten, zu sichten. Doch von den un(an)gezogenen Hippie-Scharen aus den Siebzigern, die sich nackt im Eisbach bis zum Biederstein treiben ließen und dann mit der Trambahn zurückfuhren oder sich im Adams Kostüm ungeniert für einen Steckerlfisch am Chinesischen Turm anstellten, sind höchstens noch ein paar „Exemplare“ übrig geblieben. Doch noch immer springen junge Münchner in den Eisbach im Englischen Garten und lassen sich mit der Strömung ein paar Kilometer bis zur Tivolistraße treiben. Zurück geht es im nicht offiziellen „Badeshuttle“: der Tramlinie 18 bis zum Nationalmuseum. Und ist das nun offiziell erlaubt? Nicht ganz. Der hiesige Grant muckt auf: überall Pfützen, nasse Sitze, kein Benehmen. So die einen. Die anderen sehen in der Badetram eine neue Kultur, ein Highlight des freigeistigen Denkens, des „Leben und Leben lassen“, das man einfach tolerieren sollte. Der Stadtrat hat die FKK-Kultur in München offiziell geschützt – und streitet jetzt über die Schwimmer in der Tram. Bislang gilt nur eine ungeschriebene Regel: Trambahnfahren im Bikini ja, aber bitte nicht in nasser Kluft auf die Sitze setzen …

Die Hippies von heute chillen bekleidet im Englischen Garten

SONNENSEITEN & *Sommerfrische*

91 STADTSTRÄNDE Vater-Rhein-Brunnen, Innere Wiener Straße 19, Dachauer Straße 35, Oberschleißheim / **92** FRÄULEIN GRÜNEIS Lerchenfeldstraße 1a / **93** GRILLEN AM FLAUCHER, Isarauen 10 / **94** KLASSIK AM ODEONSPLATZ Odeonsplatz
95 BAR K1+11 Kaltenbrunn 1, Gmund / **96** ST. EMMERAMSMÜHLE St. Emmeram 41
97 OPEN AIR SPORT Südteil des Englischen Gartens / **98** FRAUENINSEL Chiemsee
99 ROOFTOP BARS Neuturmstraße 1, Viktualienmarkt 6, Arcisstraße 21 / **100** STRAND ST. HEINRICH Buchscharnstraße 10, Münsing

Sommer in der Stadt heißt in München: mit dem Fahrrad an die Isar und den Sonnenuntergang genießen – so wie hier an der Reichenbachbrücke mit Blick auf die Kirche ST. MAXIMILIAN

100
HOT-SPOTS

SORTIERT NACH *STADTVIERTELN*

ALTSTADT / *LEHEL*

CAFÉS

2 STEREO CAFÉ (S. 20)
Residenzstraße 25–26, 80333 München

4 KAFFEEHAUS TAMBOSI (S. 21)
Odeonsplatz 18, 80539 München

6 CAFÉ FRISCHHUT (S. 22)
Prälat-Zistl-Straße 8, 80331 München

7 COTIDIANO (S. 23)
Maxburgstraße 4, 80333 München

10 HOTEL VIER JAHRESZEITEN KEMPINSKI (S. 27)
Maximilianstraße 17, 80539 München

WELLNESS

11 BLUE SPA IM BAYERISCHEN HOF (S. 34)
Promenadenplatz 2–6, 80333 München

14 THE BROWERY (S. 36)
Neuhauser Straße 18, 80331 München und Ludwig Beck, Theatinerstraße 34, 80333 München

15 LUXUSLASHES LOUNGE MÜNCHEN (S. 36)
Damenstiftstraße 18, 80331 München

16 AIYASHA MEDICAL SPA (S. 37)
Perusastraße 5, 80333 München

17 CLARINS SKIN SPA (S. 40)
Residenzstraße 27, 80333 München

19 LUDWIG BECK (S. 41)
Theatinerstraße 14 und Marienplatz 11, 80331 München

20 THE BARBER HOUSE (S. 41)
Pacellistraße 5, 80333 München

KULTUR

32 MUCA – MUSEUM OF URBAN AND CONTEMPORARY ART (S. 63)
Hotterstraße 12, 80331 München

34 JÜDISCHES MUSEUM (S. 64)
Sankt-Jakobs-Platz 16, 80331 München

35 BAYERISCHES NATIONALMUSEUM (S. 64)
Prinzregentenstraße 3, 80538 München

37 VALENTIN KARLSTADT MUSÄUM (S. 68)
Tal 50, 80331 München

HOTELS

22 HOTEL CORTIINA (S. 48)
Ledererstraße 8, 80331 München

23 DERAG LIVINGHOTELS (S. 49)
Frauenstraße 4, 80469 München

29 25HOURS THE ROYAL BAVARIAN (S. 54)
Bahnhofplatz 1, 80335 München

30 HOTEL OPERA (S. 55)
St.-Anna-Straße 10, 80538 München

SHOPS

41 MARION HEINRICH (S. 76)
Residenzstraße 18, 80333 München

42 THERESA (S. 77)
Maffeistraße 3, 80333 München

45 SCHWITTENBERG (S. 78)
Salvatorplatz 4, 80333 München

46 VINTAGE LOVE (S. 79)
Frauenstraße 22, 80469 München

SHOPS

49 GMUND PAPIER UND DRUCK (S. 83)
Prannerstraße 5, 80333 München

GESCHICHTE(N)

51 MARIENPLATZ, GLOCKENSPIEL (S. 90)
Marienplatz 1, 80331 München

56 MÜNCHNER RESIDENZ (S. 93)
Residenzstraße 1, 80333 München

58 EISBACH-SURFER (S. 96)
Prinzregentenstraße, 80538 München

60 VIKTUALIENMARKT (S. 97)
Viktualienmarkt 3, 80331 München

BARS & CLUBS

61 DIE GOLDENE BAR (S. 104)
Prinzregentenstraße 1, 80538 München

66 SCHUMANN'S (S. 107)
Odeonsplatz 6–7, 80539 München und
Maffeistraße 6, 80333 München

68 STAATSBAR (S. 110)
Prannerstraße 2, 80333 München

69 BAR CENTRALE (S. 111)
Ledererstraße 23, 80331 München

70 CRUX (S. 111)
Ledererstraße 3, 80331 München

RESTAURANTS

73 BRENNERGRILL (S. 117)
Maximilianstraße 15, 80539 München

77 DALLMAYR BAR & GRILL (S. 119)
Dienerstraße 14–15, 80331 München

78 FEINKOST KÄFER (S. 122)
Theatinerstraße 8, 80333 München

SOMMER

91 STADTSTRAND VATER-RHEIN-BRUNNEN (S. 142)
Auf der Insel, 80538 München

92 KIOSK FRÄULEIN GRÜNEIS (S. 143)
Lerchenfeldstraße 1a, 80538 München

94 KLASSIK AM ODEONSPLATZ (S. 144)
Odeonsplatz, 80539 München

99 DACHTERRASSE MANDARIN ORIENTAL (S. 149)
Neuturmstraße 1, 80331 München

99 DACHTERRASSE EMIKO IM HOTEL LOUIS (S. 149)
Viktualienmarkt 6, 80331 München

MAX*VORSTADT*

CAFÉS

1 LAX EATERY (S. 20)
Neureutherstraße 1, 80799 München

5 GELATERIA DEL FIORE (S. 22)
Kaulbach-/Ecke Veterinärstraße,
80539 München

WELLNESS

14 THE BROWERY (S. 36)
Amalienstraße 87, 80799 München

KULTUR

31 DIE PINAKOTHEKEN (S. 62)
Alte und Neue Pinakothek: Barerstraße 27 und 29, 80799 München; Pinakothek der Moderne: Barer Straße 40, 80333 München

36 MUSEUM BRANDHORST (S. 65)
Theresienstraße 35a, 80333 München

39 STAATLICHES MUSEUM ÄGYPTISCHER KUNST (S. 69)
Gabelsbergerstraße 35, 80333 München

40 STÄDTISCHE GALERIE IM LENBACHHAUS (S. 69)
Luisenstraße 33, 80333 München

SHOPS

43 BEAN STORE (S. 77)
Theresienstraße 25, 80333 München

47 AMSEL FASHION (S. 79)
Adalbertstraße 14, 80799 München

GESCHICHTE(N)

54 MAHNMAL WEISSE ROSE, LMU (S. 91)
Geschwister-Scholl-Platz 1,
80539 München, U3/6 Universität

BARS & CLUBS

62 KOPPER (S. 104)
Theresienstraße 1, 80333 München

63 JAMES T. HUNT (S. 105)
Schellingstraße 32, 80799 München

64 BOB BEAMAN (S. 106)
Gabelsbergerstraße 4/Ecke Amalienstraße,
80333 München

67 089 BAR (S. 110)
Maximiliansplatz 5, 80333 München

RESTAURANTS

80 OSTERIA ITALIANA (S. 123)
Schellingstraße 62, 80799 München

SOMMER

99 DACHCAFÉ VORHOELZER (S. 149)
Arcisstraße 21, 80333 München

SCHWA*BING*

CAFÉS

3 OCCAM DELI (S. 21)
Feilitzschstraße 15, 80802 München

7 COTIDIANO (S. 23)
Hohenzollernstraße 11, 80801 München
Nordbad, Schleißheimer Straße 93,
80797 München

HOTELS

25 HOTEL LA MAISON (S. 50)
Occamstraße 24, 80802 München

27 HOTEL GÄSTEHAUS ENGLISCHER GARTEN (S. 50)
Liebergesellstraße 8, 80802 München

SHOPS

48 2SINNE (S. 82)
Herzogstraße 12, 80803 München

GESCHICHTE(N)

53 HOLZKARUSSELL AM CHINESISCHEN TURM (S. 91)
Englischer Garten 3, 80538 München

BARS & CLUBS

65 FREEBIRD (S. 106)
Nordendstraße 12, 80799 München

RESTAURANTS

71 KAISERGARTEN (S. 116)
Kaiserstraße 34, 80801 München

SOMMER

97 SPORT IM ENGLISCHEN GARTEN (S. 148)

Wenn ein öffentlicher Platz zum Treffpunkt für alle wird: Vor dem THEATER AM GÄRTNERPLATZ genießen die Münchner die Sonne

GÄRTNERPLATZ / *GLOCKENBACH*

CAFÉS

5 DEL FIORE (S. 22)
Gärtnerplatz 1 und Ehrengutstraße 18,
80469 München

7 COTIDIANO (S. 23)
Gärtnerplatz 6, 80469 München

9 HUNGRIGES HERZ (S. 26)
Fraunhoferstraße 42,
80469 München

WELLNESS

13 JIVAMUKTI YOGA MÜNCHEN (S. 35)
Buttermelcherstraße 11–15,
80469 München

20 THE BARBER HOUSE (S. 41)
Fraunhoferstraße 20,
80469 München

HOTELS

21 OLYMPIC HOTEL (S. 48)
Hans-Sachs-Straße 4,
80469 München

23 DERAG LIVINGHOTELS (S. 49)
Geyerstraße 52,
80469 München

24 THE FLUSHING MEADOWS (S. 49)
Fraunhoferstraße 32,
80469 München

SHOPS

44 SASKIA DIEZ (S. 78)
Geyerstraße 20, 80469 München

LUDWIGSVORSTADT / *ISARVORSTADT*

WELLNESS

12 MATHILDEN ORIENTALISCHES SPA UND HAMAM (S. 35)
Mathildenstraße 5, 80336 München

HOTELS

28 HOTEL MARIANDL (S. 54)
Goethestraße 51, 80336 München

RESTAURANTS

74 FERDINGS (S. 117)
Klenzestraße 43, 80469 München

AU-*HAIDHAUSEN*

WELLNESS

13 JIVAMUKTI YOGA MÜNCHEN (S. 35)
Wörthstraße 9 im Hinterhof,
81667 München

HOTELS

23 DERAG LIVINGHOTELS (S. 49)
Rablstraße 10, 81669 München

SHOPS

50 THE LOVELY CONCEPT (S. 83)
Steinstraße 27, 81667 München

RESTAURANTS

72 CHEZ FRITZ (S. 116)
Preysingstraße 20, 81667 München

RESTAURANTS

78 FEINKOST KÄFER (S. 122)
Prinzregentenstraße 73 und 60,
81675 München

SOMMER

91 SANDBAR AM HOFBRÄUKELLER WIENER PLATZ (S. 149)
Innere Wiener Straße 19,
81667 München

NEUHAUSEN / *NYMPHENBURG*

HOTELS

23 DERAG LIVINGHOTELS (S. 49)
Paschstraße 46, 80637 München

26 HOTEL LAIMER HOF (S. 51)
Laimer Str. 40, 80639 München

KULTUR

38 MUSEUM MENSCH UND NATUR (S. 68)
Schloss Nymphenburg, 80638 München

GESCHICHTE(N)

52 LICHTKUNST IM U-BAHNHOF (S. 90)
U 1/7 Westfriedhof

59 SCHLOSS NYMPHENBURG UND PORZELLANMANUFAKTUR (S. 96)
Schloss Nymphenburg 1, 80638 München

BOGEN*HAUSEN*

WELLNESS

18 STUDIO 12 (S. 40)
Possartstraße 12, 81679 München

KULTUR

33 SAMMLUNG GOETZ (S. 63)
Oberföhringer Str. 103, 81925 München

GESCHICHTE(N)

55 BOGENHAUSENER FRIEDHOF (S. 92)
Bogenhauser Kirchplatz, 81675 München

RESTAURANTS

76 BOGENHAUSER HOF (S. 118)
Ismaninger Straße 85, 81675 München

SOMMER

96 BIERGARTEN ST. EMMERAMSMÜHLE (S. 145)
St. Emmeram 41, 81925 München

SEND*LING*

CAFÉS

8 GASTSTÄTTE GROSSMARKTHALLE (S. 23)
Kochelseestraße 13, 81371 München

SOMMER

93 FLAUCHER (S. 143)
Isarauen 10, 81379 München

Grüne Stadt: München bietet jede Menge Parks und Flecken zum Entdecken

MILBERTS*HOFEN*

GESCHICHTE(N)

57 OLYMPIAPARK (S. 93)
Spiridon-Louis-Ring 21,
80809 München

RESTAURANTS

78 FEINKOST KÄFER (S. 122)
Am Olympiapark 1,
80809 München

WEST*END*

RESTAURANTS

75 LEOPARDI (S. 118)
Westendstraße 33, 80339 München

MÜNCHNER *UMLAND*

AUSFLÜGE

81 KÖNIGSSCHLÖSSER LUDWIG II. (S. 128)

82 KÖNIGSSEE (S. 129)

83 MIT DER BOB ZUM TEGERNSEE (S. 129)

84 MURNAU (S. 130)

85 ZUGSPITZE (S. 131)

86 SALZBERGWERK BERCHTESGADEN (S. 131)

87 WALDFESTE AM TEGERNSEE (S. 134)

88 BUCHHEIM MUSEUM, STARNBERGER SEE (S. 134)

89 AYINGER PRIVATBRAUEREI (S. 135)

90 MARKUS MEINDL (S. 135)

SOMMER

91 MUNICH BEACH RESORT (S. 142)
Dachauer Straße 35,
85764 Oberschleißheim

95 BAR K1411 (S. 144)
Kaltenbrunn 1, 83703 Gmund

98 FRAUENINSEL IM CHIEMSEE (S. 148)

100 BEACH BAR SANKT HEINRICH (S. 149)
Buchscharnstraße 10, 82541 Münsing

MÜNCHEN

Infos

PRAKTISCHES *UND NÜTZLICHES*

Die schwebenden Betten im Flushing Meadows laden zu Luftsprüngen ein

ANREISE

Sechs Autobahnen führen nach München: die Salzburger (A8), die Garmischer (A95), die Lindauer (A96), die Nürnberger (A9), die Passauer (A92), die Stuttgarter (A8).

Drei große Fernverkehrsbahnhöfe: Hauptbahnhof, Ostbahnhof, München-Pasing.

Flughafen München Franz Josef Strauß, Flughafencode MUC, ca. 30 km nördlich des Stadtzentrums, Information/Flugauskunft: +49 (0)89 975 00, *www.munich-airport.de*
Anschluss: S-Bahnen S 1/S 8, Fahrtzeit ca. 40 Minuten in die Innenstadt, Tickets am Automaten am Flughafen. Oder Lufthansa Express Bus, alle 15 Minuten zur City, Tickets online oder im Bus, Service-Hotline: +49 (0)89 32 30 40
www.airportbus-muenchen.de, Fahrtzeit ca. 45 Minuten.

Günstige Fernbusse innerhalb Deutschlands oder von Österreich bzw. aus der Schweiz. Verschiedene Anbieter: *www.fernbusse.de*. Zentraler Omnibusbahnhof (ZOB): Arnulfstraße 21, *www.muenchen-zob.de*

APPS & WEBSITES

Das offizielle **Stadtportal** (gratis): *www.muenchen.de*

MVV-App (gratis): die Fahrplanauskunfts- und Handyticket-App des MVV für iOS, Android und Windows Phone (im Google Play Store, Apple App Store, Microsoft Phone Store), MVV-Radroutenplaner (gratis).

Die besten **Apps rund ums Wandern und Baden:** Bergfex/Wetter und Wassertemperaturen (gratis), PeakFinder (5,49 Euro), Chiemsee Alpen (gratis), Ludwig II (gratis, auf den Spuren des „Kini"), Biergarten und Ausflugslokale Südbayern (gratis, 800 Wirtshäuser mit kleinem Bayrisch-Lexikon)

MÜNCHEN-BLOGS

Was gerade los ist, weiß **Muc Book** oder **Mademoiselle Minga.** Entspannungstipps für den perfekten Urlaub kennt **Lilies Dairy** und **Tellerschubser** und **Bushcooks Kitchen** testen neue Restaurants und Bars.

CAR-, SCOOTER- & BIKE-SHARING

Free2Move App für alle Angebote, vergleichen und buchen: *www.free2move.com*
Elektro-Roller zum Mieten mit den Apps **Emmy** oder **Scoo.me**

FAHRRAD – SPORTLICH DURCH DIE STADT

Fahrradtouren und -verleih: Mike's Bike Tours (*www.mikesbiketours.com*), Radius Tours (*www.radiustours.com*)

Fahrradverleih: Aktiv Rad (*www.aktiv-rad.de*)

CallBikes: call a bike (App) – anmelden und direkt CallBikes einfach per App, Telefonanruf oder Kundenkarte **ausleihen,** bei Fahrpausen das Rad mit dem integrierten Schloss sichern, am Ende das Rad an einer Station oder an einer x-beliebigen Kreuzung der Innenstadt abstellen und verschließen.

MVG-Rad (App): kostenlose Smartphone App MVG more herunterladen, via GPS alle verfügbaren MVG-Räder in der Nähe sowie die Stationen angezeigt bekommen, auf „jetzt mieten" klicken, PIN-Code erhalten und damit das Schloss des Rads öffnen, das Rad dann entweder an einer der MVG-Radstationen oder im Geschäftsgebiet an frei zugänglichen Orten wieder zurückgeben. **Kosten:** 8 Cent pro Minute und maximal 12 Euro pro Tag.

KUTSCHEN UND RIKSCHAS

Unvergesslich: mit Münchens einziger **Kutscherei** durch den Englischen Garten, die Fußgängerzone u. a.
www.kutschen-muenchen.de

Umweltfreundlich: Rikscha mobil:
www.pedalhelden.de

SIGHTSEEING-TOUREN

www.mystisches-muenchen.de
www.seg-tour-munich.de
www.stattreisen-muenchen.de
www.stadtvogel.de
www.munichhistorytours.com
www.eat-the-world.com
www.stadtfuehrungen.de
www.spurwechsel-muenchen.de
munichwalktours.de
www.viktualienmarkt-probiertour.de
www.getyourguide.de
(Bier- und Schmankerltour)
www.radiustours.com

Museenlinie 100: öffentl. Bus zwischen Haupt- und Ostbahnhof, zu u. a. Pinakotheken, Lenbachhaus, Stuckvilla, Staatlicher Antikensammlung, Residenz, Haus der Kunst.

SPECIALS

Der **Biergarten-Plan für München:**
www.muenchen.de/freizeit/sommer/biergartenfahrplan.html

Personal Shopping Service von Ludwig Beck
kaufhaus.ludwigbeck.de/english/our-services/personal-shopping/

Führung durch die Allianz Arena
Einen Blick hinter die Kulissen des FC-Bayern-Doms gibt es täglich zwischen 10 und 18 Uhr. *www.allianz-arena.de*

TICKETS

www.muenchenticket.de
www.eventim.de
www.zkv-muenchen.de
www.muenchenmusik.de
www.konzertkarten-muenchen.de
www.ticketmaster.de

TOURISTEN-INFORMATIONEN

Fremdenverkehrsamt München,
Sendlinger Str. 1, 80331 München,
Tel. +49 (0)89 233-96500,
www.muenchen-tourist.de

Stadtinformation im **Rathaus,**
Marienplatz 8, 80331 München,
Tel. +49 (0)89 233-96500

Auf dem Oktoberferst Mitte September trifft die Welt auf das traditionelle München

Touristeninformation München am Hauptbahnhof, Auskünfte, Infomaterial, Verkauf von Stadtplänen und Reiseführern, Bahnhofsplatz 2, 80335 München

Information – **Museen & Schlösser** in Bayern, Aktuelles zu den mehr als 1000 bayerischen Museen und Schlössern: Alter Hof 1, 80331 München, Tel. +49 (0)89 21 01 40 50

VERKEHRSMITTEL

Öffentliche Verkehrsmittel:
S-Bahn, U-Bahn, Straßenbahn/Tram, Busse, *www.mvv-muenchen.de*,

Tickets: Handy-Ticket, Automaten, Online, Geschäfte mit entsprechendem Hinweis.

Taxi:
IsarFunk Taxizentrale: +49 (0)89 45 05 40
Taxi München eG: +49 (0)89 747 02 60
mytaxi Taxi-App

UBER – die App:
Smartphone-App installieren, anmelden, Abholort eintippen, „bestellen", Fahrpreisschätzung nutzen, Ziel eingeben, Route und Ankunftszeit erhalten, Name und Foto von Fahrer, Auto und Kennzeichen ansehen, einsteigen, bargeldlose Fahrt genießen.

WLAN-HOT-SPOTS IN MÜNCHEN: M-WLAN

Derzeit (Frühjahr 2018) gibt es **M-WLAN** hier: Marienplatz, Odeonsplatz, Sendlinger Tor, Karlsplatz Stachus, Gärtnerplatz,

Mariahilfplatz, Marienhof, Orleansplatz, Lehel, Harras, Münchner Freiheit, Wettersteinplatz, Giesing, Rotkreuzplatz, Neuperlach Zentrum, Deutsches Museum, Coubertinplatz, Hauptbahnhof, Hohenzollernplatz, Königsplatz, Kolumbusplatz, Mangfallplatz, Viktualienmarkt, Willy-Brandt-Platz.

FESTIVALS UND EVENTS

Tollwood Sommerfestival: Bekannt bis weit über die Stadtgrenzen hinaus ist das multikulturelle Festival auf dem südlichen Olympiagelände, das seit 1988 jedes Jahr mit Budenzauber, Konzerten, Marktständen und internationalen Schmankerln lockt. Im Winter auch auf der Theresienwiese.

OPEN-AIR IN DER STADT

Festivals: Als nördlichste Stadt Italiens feiern die Münchner gern im Freien. Ein Highlight ist jedes Jahr das **Münchner Filmfest** (www.filmfest-muenchen.de), wenn zwei Wochen lang das Beste der deutschen Filmriege zwischen Hotel Bayerischer Hof und Gasteig zusammenfindet. Mittelalterliche Klänge und Pferdeturniere finden auf Schloss Kaltenberg statt, wenn sich bei den **Ritterturnieren** in der Arena starke Männer duellieren (www.ritterturnier.de). Romantisch-ländlich: die **SEErenade am Ammersee** (www.ammerseerenade.de). Wer es rockiger mag, wird im **Olympiastadion bei Groß-Konzerten** (www.olympiapark.de) mit Stars wie Andreas Gabalier, Ed Sheeran oder den Rolling Stones versorgt.

Im Morgengrauen wird am Chinesischen Turm auf dem Kocherlball in den Tag getanzt. Gänsehaut-Atmosphäre garantiert!

DAS GIBT ES NUR IN MÜNCHEN

Es ist der größte Laufsteg der Stadt: das **Münchner Oktoberfest.** Von Mitte September bis Anfang Oktober feiern Bayern, VIPs und die ganze Welt in 16 Bierzelten auf der Theresienwiese. Und das seit 1810. Damals wurde die Hochzeit des Kronprinzen Ludwig

Kultur, Kult und Klimbim: Das Sommerfestival Tollwood ist eine Mischung zwischen Basar, Foodmarket und Kleinkunst-Veranstaltungen

mit der Sachsen-Prinzessin Therese zelebriert – eine Tradition war geboren. Infos unter *www.oktoberfest.de*

KOCHERLBALL

Früh aufstehen lohnt sich, um am Chinesischen Turm in den Morgen zu tanzen. Beim **Kocherlball** feierten ursprünglich Mägde und Diener vor dem Morgengrauen. *www.haberl.de*

DINER EN BLANC

Rund 1000 gut informierte Münchner finden sich spontan zu einem **Picknick mitten in der Stadt** zusammen. Alle ganz in Weiß gekleidet. Infos nur per Einladung …

AUER DULT

Das **traditionelle Volksfest** auf dem Mariahilfplatz. Jedes Jahr im Frühling, Sommer und Herbst gibt's Kitsch, Kunst, Volksfestgaudi und kulinarische Genüsse.

ALMABTRIEB

Ende September werden die **Kühe geschmückt**. Dann geht's von der Weide hinab ins Dorf, in den heimatlichen Stall. Eine Schau: **Am Königssee** werden die Rinder in Booten übergesetzt.

MAIBAUM-AUFSTELLEN

Pünktlich zum 1. Mai leisten sich die Burschenschaften einen neuen Pracht-Mast. Außer er wird von der **Konkurrenz geklaut** und muss dann ausgelöst werden … Nicht umsonst ist während der letzten Tage im April die sogenannte Maibaum-Wache eine große Ehre und wichtige Aufgabe.

ABBILDUNGSNACHWEIS

ILLUSTRATIONEN:
Sead Mujic

COVER:
Dîner en blanc-Veranstaltung, München Odeonsplatz, 2012 // Foto: Tobias Hase/EPA/ picture alliance

AUFMACHER TOP 100 HOT-SPOTS:
Siehe Bildangaben „Weitere Bilder"

WEITERE BILDER:
S. 6: Johannes Simon/Süddeutsche Zeitung Photo // S. 10/11: J. Lutz/München Tourismus // S. 12: Dr. Wilfried Bahnmüller Okapia/ imageBROKER // S. 16: Plainpicture // S. 17: Markus Dlouhy/München Tourismus, B. Roemmelt/München Tourismus // S. 20: PR (2), Conny Mirbach // S. 21: forster & martin fotografie // S. 22: Ava Ella Kalff, PR (3) // S. 23: PR (2) // S. 24/25: PR // S. 26: PR (2), Francesco Romeo // S. 27: Pr (2) // S.28: Foodcollection/Getty Images // S. 30/31: Conny Mirbach // S. 34: PR, Andre Mischke/ face to face // S. 35: PR, Felix Krammer // S. 36: Mike Meyer/Browery, PR // S. 37: Alexander Proefrock (2) // S. 38/39: Benjamin Monn/Blue Spa PR // S. 40: Studio Leis, Andreas Jacob (2), Thomas Straub // S. 41: Fabio Grazioli/ Ludwig Beck, Lexip GmbH // S. 42: Archiv Friedrich/Interfoto // S. 44/45: PR // S. 48: PR (3), Felix Friedrich (2) // S. 49: Maximilian Sydow, Conny Mirbach // S. 50–51: PR (4) // S. 54: PR, Stephan Lemke, Steve Herud // S. 55: York Hovest (2), APress/Imago: S. 56: Ursula Düren/picture alliance // S. 58/59: Steve Herud // S. 62: Pinakothek der Moderne (2), Christian Kasper/Neue Pinakothek, Martin Fengel/Alte Pinakothek // S. 63: PR (2), Thomas Dashuber/ Courtesy Sammlung Goetz/Architekten: Herzog & de Meuron // S. 64: Daniel Schvarcz/ (2), Bayerisches Nationalmuseum // S. 65: Museum Brandhorst, H. Ross/Panther Media // S. 66/67: Haydar Koyupinar/ Bayerische Staatsgemäldesammlungen // S. 68: Valentin-Karlstadt-Musäum, Museum Mensch und Natur // S. 69: Franke/Staatliches Museum Ägyptischer Kunst, Städtische Galerie im Lenbachhaus und Kunstbau München // S. 70: Stephan Rumpf/ Süddeutsche Zeitung Photo // S. 72: Dominik Parzinger/München Tourismus, Werner Boehm/Bayern Tourismus // S. 73: Philipp Klinger/Getty Images, Felix Loechner/Bayern Tourismus // S. 76: PR (2) // S. 77: PR (3) // S. 78–81: PR(6) // S. 82: PR (3), Francesco Gulotta/Action Press // S. 83–84: PR (4) // S. 86/87: PR // S. 90: Bernd Roemmelt/ München Tourismus, Markus Tollhopf/ Ingo Maurer GmbH // S. 91: Veronika Freudling/ Bayerische Schlösserverwaltung (2), Bob Jenkin/ Alamy Stock // S. 92: Felbert+ Eickenberg/Stock4B/Getty Images, Toni Schneider/Residenz München/Salon der Königin & Ahnengalerie/Bayerische Schlösserverwaltung // S. 93: Tommy Loesch/ Olympiapark München GmbH/Bayern Tourismus // S. 94/95: Philipp Mansmann/ Cuvilliéstheater/Bayerische Schlösserverwaltung // S. 96: F. Mueller/ München Tourismus, D. Verstl/München Tourismus, Werner Boehm/München Tourismus // S. 97: L. Kaster/München Tourismus, Sebastian Gabsch/Geisler-Fotopress/ picture alliance // S. 98: PR // S. 100/101: Werner Boehm/Bayern Tourismus // S. 104: Alescha Birkenholz/Haus der Kunst, PR // S. 105: Conny Mirbach (2), S. Brauer/ BrauerPhotos // S. 106: PR (2), Julian Mittelstädt/Freebird // S. 107: Klaus Brenninger/ Schuhmann's, Schuhmann's GmbH (3) // S. 108/109: Alescha Birkenholz/Haus der Kunst // S. 110: Fotodesign Märzinger, Marlon Schuler // S. 111: Kull & Weinzierl, Michael Reusse // S. 112: Fryderyk Gabowicz/picture alliance // S. 116: PR, Kema Food Culture/ Stocksy // S. 117: Felix Friedrich/Kull & Weinzierl (2), PR // S. 118: PR (2) // S. 119: Saskia Nathalie Betz/Dallmayr, Stefan Randlkofer/Dallmayr, Nicole Kubelka/face to face // S. 120/121: Thorsten Jochim // S. 122: Thorsten Jochim (3) // S. 123: PR (3) //

IMPRESSUM

S. 124: Ursula Düren/picture alliance // S. 128: Gert Krautbauer/ Bayern.by, Bayerische Schlösserverwaltung, Priener Tourismus GmbH/tourismus.prien.de, Peter von Felbert/ bayern.by // S. 129: Gert Krautbauer/Bayern. by, Elina Gathof // S. 130: FooTToo/ iStockphoto, SWS AG (2) // S. 131: Matthias Fend/Bayerische Zugspitzbahn // S. 132/133: guenterstandl.de/Füssen Tourismus und Marketing // S. 134: Jörg Friedrich, Foto Marquart/Buchheim Museum Bernried // S. 135: Thomas Straub, PR, B.Wackerbauer/ Gnoni-Press // S. 136: Scherl/ullstein bild/ Süddeutsche Zeitung Photo // S. 138/139: Peter von Felbert/bayern.by // S. 142: Sebastian Dürst, PR // S. 143: Sebastian Krwawczyk (2), Peter von Felbert // S. 144: Marcus Schlaf, wakila/istockphoto, PR // S. 145: PR, picture alliance // S. 146/147: Gert Krautbauer/bayern.by // S. 148: Philipp Baske/ OBC Europe GmbH (2), Gert Krautbauer/ bayern.by (2) // S. 149: George Apostolidis/ Mandarin Oriental, Kull & Weinzierl (2), PR // S. 150: Kasto/stock.adobe.com // S. 152/153: Conny Mirbach // S. 158: Christian Kerber/laif // S. 161: Peter von Felbert // S. 162: Flushing Meadows // S. 165: Tommy Loesch/Bayern Tourismus // S. 167: Christian Kasper/ München Tourismus, Sigi Mueller/München Tourismus

CHEFREDAKTION:
Robert Pölzer (Chefredakteur BUNTE),
Petra Pfaller (Chefredaktion BUNTE),
ART DIRECTION:
David Klingl (Storyboard GmbH)
GRAFIK:
Claudia Homer (Storyboard GmbH)
Nina Breindl (Storyboard GmbH)
PHOTO EDITOR:
Elina Gathof (Storyboard GmbH)
ASSISTANT PHOTO EDITOR:
Alissa Selge (Storyboard GmbH)
TEXTCHEFS:
Georg Thanscheidt (BUNTE)
Rolf Hauschild (BUNTE)
TEXTE:
Carolin Fried
Anne Kathrin Koophamel
MITARBEIT BUNTE-REDAKTION:
Tom Bohlen, Oliver Fritz, Christian J. Goldsmith, Christian Guth, Henriette Herfeldt, Thomas Huber, Petra Knoll, Deborah Neufeld, Manfred Otzelberger, Sandra Schmidt, Christiane Soyke
SCHLUSSREDAKTION:
Silke Probst
PUBLISHING MANAGER:
Thomas Kittel (BurdaStyle)
REPRO:
Storyboard GmbH
IDEE & KONZEPT:
Jonas Grashey
(Managing Director BurdaStyle Premium)
PROJEKTLEITUNG:
Antje Damer (New Business BUNTE)
Nadja Göricke (Storyboard GmbH)
FINANCE:
Andrea Zaglauer
GESCHÄFTSFÜHRUNG BurdaStyle:
Manuela Kampp-Wirtz

Bunte Top 100 Hot-Spots München ist entstanden mit freundlicher Unterstützung von Bayern Tourismus Marketing GmbH
www.bayern.by

ISBN 978-3-9819-3022-1

MEINE *NOTIZEN*

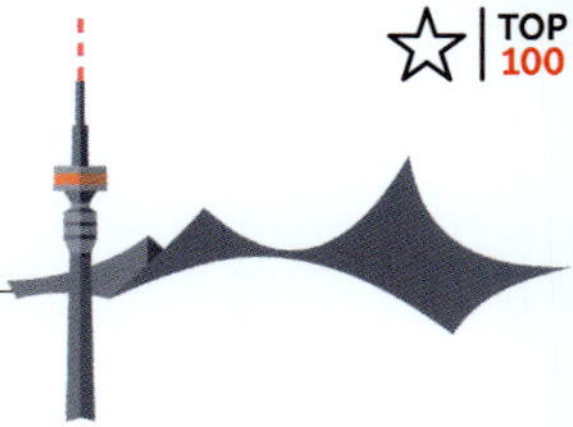

11178514R00097

Printed in Germany
by Amazon Distribution
GmbH, Leipzig